Os Complexos Familiares

na formação do indivíduo

Campo Freudiano no Brasil

Coleção dirigida por Jacques-Alain e Judith Miller
Assessoria brasileira: Angelina Harari

Jacques Lacan

Os Complexos Familiares
na formação do indivíduo

ensaio de análise
de uma função em psicologia

2ª edição

Tradução:
Marco Antonio Coutinho Jorge
Potiguara Mendes da Silveira Júnior

ZAHAR

Título original:
Les complexes familiaux dans la formation de l'individu

Tradução autorizada da primeira edição francesa,
publicada em 1984 por Navarin Éditeur, de Paris, França,
na série "Bibliothèque des Analytica"

Jorge Zahar Editor Ltda.
rua Marquês de S. Vicente 99 – 1º | 22451-041 Rio de Janeiro, RJ
tel (21) 2529-4750 | fax (21) 2529-4787
editora@zahar.com.br
www.zahar.com.br

Tradução autorizada por
Jairo Gerbase e Antonio Quinet

2ª edição: 2008 (novo projeto gráfico)

CIP-Brasil. Catalogação-na-fonte
Sindicato Nacional dos Editores de Livros, RJ

Lacan, Jacques, 1901-1981
L129c Os complexos familiares na formação do indivíduo: ensaio de análise
2.ed. de uma função em psicologia / Jacques Lacan; tradução Marco Antonio Coutinho Jorge, Potiguara Mendes da Silveira Júnior. — 2.ed. — Rio de Janeiro: Zahar, 2008.
(Campo Freudiano no Brasil)

Tradução de: Les complexes familiaux dans la formation de l'individu
ISBN 978-85-7110-137-1

1. Complexos (Psicologia). 2. Família. 3. Personalidade. I. Título. II. Série.

CDD: 158.24
08-3526 CDU: 159.9

Sumário

Este texto foi escrito por Jacques Lacan para o tomo VIII da *Encyclopédie française*, consagrado à "vida mental" e publicado em 1938; ele ocupa em sua segunda parte, "*Circonstances et objets de l'activité psychique*", a seção A: "A família", título sob o qual é comumente designado.

Restabeleci nesta edição o título dado por Lacan; restabeleci também a continuidade do texto, interrompida pela paginação da *Encyclopédie* (intertítulos, caracteres de corpos diferentes).

Este texto não foi incluído nos *Écrits* por iniciativa do editor, em virtude de seu tamanho.

JACQUES-ALAIN MILLER

Introdução: A instituição familiar

A família surge inicialmente como um grupo natural de indivíduos unidos por uma dupla relação biológica: a geração, que dá os componentes do grupo; as condições do meio que o desenvolvimento dos jovens postula e que mantém o grupo na medida em que os adultos geradores asseguram sua função. Nas espécies animais, essa função dá lugar a comportamentos instintivos, freqüentemente muito complexos. Tivemos que renunciar a fazer derivar das relações familiares assim definidas os outros fenômenos sociais observados nos animais. Estes últimos mostram-se, ao contrário, tão diferentes dos instintos familiares que os pesquisadores mais recentes os aproximam de um instinto original, dito de intera-tração.

A espécie humana caracteriza-se por um desenvolvimento singular das relações sociais — desenvolvimento esse que é sustentado por capacidades excepcionais de comunicação mental —, e, correlativamente, por uma economia paradoxal dos instintos que aí se mostram essencialmente suscetíveis de conversão e de inversão, e não têm mais efeito isolável senão de maneira esporádica. Comportamentos adaptativos de variedade infinita são assim permitidos. Sua conservação e seu progresso, por dependerem de sua comunicação, são, antes de tudo, obra coletiva e constituem a cultura. Esta introduz uma nova dimensão na realidade social e na vida psíquica. Esta dimensão especifica a família humana como, de resto, todos os fenômenos sociais no homem.

Se, com efeito, a família humana nos permite observar, nas fases mais primevas das funções maternas, por exemplo, alguns traços de comportamento instintivo, identificáveis aos da família biológica, basta pensarmos no que o sentimento de paternidade deve aos postulados espirituais que marcaram seu desenvolvimento, para compreendermos que nesse domínio as instâncias culturais dominam as naturais, ao ponto de não se poderem considerar paradoxais os casos em que umas substituem as outras, como na adoção.

Será essa estrutura cultural da família humana inteiramente acessível aos métodos da psicologia concreta: observação e análise? Sem dúvida, estes métodos bastam para colocar em evidência traços essenciais, como a estrutura hierárquica da família, e para reconhecer nela o órgão privilegiado desta coação do adulto sobre a criança, coação à qual o homem deve uma etapa original e as bases arcaicas de sua formação moral.

Mas outros traços objetivos: os modos de organização dessa autoridade familiar, as leis de sua transmissão, os conceitos da descendência e do parentesco que a ela estão unidos, as leis da herança e da sucessão que aí se combinam, enfim, suas relações íntimas com as leis do casamento — obscurecem e embaralham as relações psicológicas. Sua interpretação deverá, então, se esclarecer com os dados comparados da etnografia, da história, do direito e da estatística social. Coordenados pelo método sociológico, esses dados estabelecem que a família humana é uma instituição. A análise psicológica deve se adaptar a essa estrutura complexa e não tem o que fazer com as tentativas filosóficas que têm por objeto reduzir a família humana seja a um fato biológico, seja a um elemento teórico da sociedade.

Essas tentativas têm, no entanto, seu princípio em certas aparências do fenômeno familiar; por mais ilusórias que sejam essas aparências, elas merecem um exame demorado, pois repousam sobre convergências reais entre causas heterogêneas. Descreveremos seu mecanismo em dois pontos sempre polêmicos para o psicólogo.

Entre todos os grupos humanos, a família desempenha um papel primordial na transmissão da cultura. Se as tradições espirituais, a manutenção dos ritos e dos costumes, a conservação das técnicas e do patrimônio são com ela disputados por outros grupos sociais, a família prevalece na primeira educação, na repressão dos instintos, na aquisição da língua acertadamente chamada de materna. Com isso, ela preside os processos fundamentais do desenvolvimento psíquico, preside esta organização das emoções segundo tipos condicionados pelo meio ambiente, que é a base dos sentimentos, segundo Shand, mais amplamente, ela transmite estruturas de comportamento e de representação cujo jogo ultrapassa os limites da consciência.

Ela estabelece desse modo, entre as gerações, uma continuidade psíquica cuja causalidade é de ordem mental. Esta continuidade, se revela o artifício de seus fundamentos nos próprios conceitos que definem a unidade de linhagem, desde o totem até o nome patronímico, não se manifesta menos pela transmissão à descendência de disposições psíquicas que estão próximas do inato; Conn criou para estes efeitos o termo hereditariedade social. Este termo, bastante impróprio em sua ambigüidade, teve pelo menos o mérito de assinalar o quanto é difícil para o psicólogo não majorar a importância do biológico nos fatos ditos de hereditariedade psicológica.

Uma outra similitude, inteiramente contingente, é vista no fato de que os componentes normais da família, tal qual se observam hoje no Ocidente: o pai, a mãe e os filhos, são os mesmos que os da família biológica. Essa identidade nada mais é do que uma igualdade numérica. Mas o espírito é tentado a reconhecer aí uma comunidade de estrutura diretamente fundada na constância dos instintos, constância que lhe é preciso, então, encontrar nas formas primitivas da família. Com base nessas premissas é que foram construídas teorias puramente hipotéticas da família primitiva, ora à imagem da promiscuidade observável nos animais, por críticos subversivos da ordem familiar existente, ora sobre o modelo do casal estável, não menos observável na animalidade, por defensores da instituição considerada como célula social.

As teorias das quais acabamos de falar não estão apoiadas em nenhum fato conhecido. A promiscuidade presumida não pode ser afirmada em parte alguma, nem mesmo nos casos ditos de casamento grupal: desde a origem existem interdições e leis. As formas primitivas da família têm os traços essenciais de suas formas acabadas: autoridade, se não concentrada no tipo patriarcal, ao menos representada por um conselho, por um matriarcado ou seus delegados do sexo masculino; modo de parentesco, herança, sucessão, transmitidos, às vezes distintamente (Rivers), segundo uma linhagem paterna ou materna. Trata-se aí de famílias humanas devidamente constituídas. Mas, longe de nos mostrarem a pretensa célula social, vêem-se nessas famílias, quanto mais primitivas são, não apenas um agregado mais amplo de casais biológicos, mas sobretudo um parentesco menos conforme aos laços naturais de consangüinidade.

O primeiro ponto é demonstrado por Durkheim e, depois, por Fauconnet, em cima do exemplo histórico da família romana; pelo exame dos nomes de família e do direito sucessório, descobre-se que três grupos apareceram sucessivamente, do mais amplo ao mais estreito: a *gens*, agregado muito amplo de origens paternas; a família agnática, mais estreita, mas indivisa; finalmente, a família que submete à *pátria potestas* do avô os casais conjugais de todos os seus filhos e netos.

Quanto ao segundo ponto, a família primitiva desconhece os laços biológicos do parentesco: desconhecimento apenas jurídico na parcialidade unilinear da filiação; mas também ignorância positiva ou talvez desconhecimento sistemático (no sentido de paradoxo da crença que a psiquiatria dá a este termo), exclusão total desses laços que, por não se poderem exercer senão em relação à paternidade, se observariam em certas culturas matriarcais (Rivers e Malinowski). Além disso, o parentesco só é reconhecido por intermédio de ritos que legitimam os laços de sangue e, quando necessário, criam laços fictícios: fatos do totemismo, adoção, constituição artificial de um agrupamento agnático como a *zadruga* eslava. Do mesmo modo, segundo nosso código, a filiação é demonstrada pelo casamento.

À medida que se descobrem formas mais primitivas da família humana, elas se ampliam em agrupamentos que, como o clã, também podem ser considerados como políticos. Pois se transferirmos para o desconhecido da pré-história a forma derivada da família biológica para fazer nela nascer por associação natural ou artificial esses agrupamentos, teremos uma hipótese contra a qual a prova fracassa, mas que é ainda menos provável porquanto os zoólogos recusam — como vimos — aceitar tal gênese para as próprias sociedades animais.

Por outro lado, se a extensão e a estrutura dos agrupamentos familiares primitivos não excluem a existência em seu seio de famílias limitadas a seus membros biológicos — o fato é tão incontestável quanto o da reprodução bissexuada —, a forma assim arbitrariamente isolada não pode nos ensinar nada de sua psicologia e não pode ser assimilada à forma familiar atualmente existente.

O grupo reduzido formado pela família moderna não se apresenta, com efeito, ao exame, como uma simplificação, mas antes como uma contração da instituição familiar. Ele mostra uma estrutura profundamente complexa, da qual alguns pontos são muito melhor esclarecidos pelas instituições positivamente conhecidas da família antiga que pela hipótese de uma família elementar que não se apreende em lugar algum. Isso não quer dizer que seja ambicioso demais procurar nessa forma complexa um sentido que a unifique e talvez dirija sua evolução. Esse sentido é dado precisamente quando, à luz desse exame comparativo, se apreende o remanejamento profundo que conduziu a instituição familiar à sua forma atual; reconhece-se, ao mesmo tempo, que é preciso atribuí-lo à influência prevalente que assume aqui o casamento, instituição que devemos distinguir da família. Daí a excelência do termo "família conjugal", pelo qual Durkheim a designa.

1

O complexo, fator concreto da psicologia familiar

É na ordem original de realidade constituída pelas relações sociais que se deve compreender a família humana. Se, para assentar esse princípio, recorremos às conclusões da sociologia, ainda que a soma dos fatos com os quais ela o ilustra ultrapasse nosso tema, é porque a ordem de realidade em questão é o objeto próprio desta ciência. O princípio é assim colocado num plano onde ele tem sua plenitude objetiva. Como tal, ele permitirá julgar segundo seu verdadeiro alcance os resultados atuais da pesquisa psicológica. Na medida em que, com efeito, ela rompe com as abstrações acadêmicas e visa, seja na observação do *behaviour*, seja pela experiência da psicanálise, dar conta do concreto, essa pesquisa, especialmente quando se exerce nos fatos da "família como objeto e circunstância psíquica", nunca objetiva os instintos, mas sempre os complexos.

Esse resultado não é o fato contingente de uma etapa redutível da teoria; é preciso reconhecer nele, traduzido em termos psicológicos, mas conforme ao princípio preliminarmente colocado, esse caráter essencial do objeto estudado: seu condicionamento por fatores culturais, à custa dos fatores naturais.

O complexo, com efeito, liga sob uma forma fixada um conjunto de reações que pode interessar todas as funções orgânicas desde a emoção até a conduta adaptada ao objeto. O que define o complexo é que ele reproduz uma certa realidade do meio ambiente, e duplamente:

1º — Sua forma representa essa realidade no que ela tem de objetivamente distinto numa certa etapa do desenvolvimento psíquico; essa etapa especifica sua gênese;

2º — Sua atividade repete na vivência a realidade assim fixada, cada vez que se produzem certas experiências que exigiriam uma objetivação superior dessa realidade; essas experiências especificam o condicionamento do complexo.

Esta definição por si só implica que o complexo seja dominado por fatores culturais: em seu conteúdo, representativo de um objeto; em sua forma, ligada a uma etapa vivida da objetivação; enfim, em sua manifestação de carência objetiva em relação a uma situação atual, quer dizer, sob seu triplo aspecto de relação de conhecimento, de forma de organização afetiva e de prova ao chocar-se com o real, o complexo se compreende por sua referência ao objeto. Ora, toda identificação objetiva exige ser comunicável, isto é, repousa sobre um critério cultural; é também por vias culturais que ela é na maioria das vezes comunicada. Quanto à integração individual das formas de objetivação, ela é a obra de um processo dialético que faz surgir cada forma nova dos conflitos da precedente com o real. Neste processo, é necessário reconhecer o caráter que especifica a ordem humana, a saber, esta subversão de toda fixidez instintiva, da qual surgem as formas fundamentais, prenhes de variações infinitas, da cultura.

Se o complexo em seu pleno exercício pertence ao domínio da cultura, e se esta é uma consideração essencial para quem quer explicar os fatos psíquicos da família humana, isso não quer dizer que não exista relação entre o complexo e o instinto. Mas, fato curioso, em virtude das obscuridades que o conceito de instinto opõe à crítica da biologia contemporânea, o conceito de complexo, ainda que recentemente introduzido, se revela mais bem adaptado a objetos mais ricos; é por isso que, repudiando o apoio que o inventor do complexo acreditava dever procurar no conceito clássico de instinto, acreditamos que, por um reviramento teórico, é o instinto que se poderia esclarecer atualmente por sua referência ao complexo.

Dessa forma, poderíamos confrontar ponto por ponto: 1º) a relação de conhecimento que o complexo implica com esta co-naturalidade do organismo no meio ambiente onde estão suspensos os enigmas do instinto; 2º) a tipicidade geral do complexo em relação com as leis de um grupo social, com a tipicidade genérica do instinto em relação com a fixidez da espécie; 3º) o proteísmo das manifestações do complexo que, sob formas equivalentes de inibição, de compensação, de desconhecimento, de racionalização, exprime a estagnação diante de um mesmo objeto, com a estereotipia dos fenômenos do instinto, cuja ativação, submetida à lei do "tudo ou nada", permanece rígida quanto às variações da situação vital. Essa estagnação no complexo, tanto quanto essa rigidez no instinto — enquanto forem referidas unicamente aos postulados da adaptação vital, disfarce mecanicista do finalismo, fica-se condenado a torná-los enigmas; seu problema exige o emprego dos conceitos mais ricos que o estudo da vida psíquica impõe.

Definimos o complexo num sentido muito amplo que não exclui que o sujeito tenha consciência do que ele representa. Mas foi como fator essencialmente inconsciente que Freud o definiu a princípio. Sua unidade é, com efeito, surpreendente sob essa forma, na qual ela se revela como a causa de efeitos psíquicos não dirigidos pela consciência, atos falhos, sonhos, sintomas. Esses efeitos têm caracteres tão distintos e contingentes que forçam a admitir como elemento fundamental do complexo esta entidade paradoxal: uma representação inconsciente designada pelo nome de imago. Complexos e imago revolucionaram a psicologia e especialmente a da família, que se revelou como o lugar de eleição dos complexos mais estáveis e mais típicos: de simples tema de paráfrases moralizantes, a família tornou-se o objeto de uma análise concreta.

Os complexos, no entanto, demonstraram desempenhar um papel de "organizadores" no desenvolvimento psíquico; assim, eles dominam os fenômenos que, na consciência, parecem os mais integrados à personalidade; assim, são motivadas no inconsciente não apenas justificações passionais, mas racionalizações objetiváveis. O alcance da família como objeto e circunstância psíquica foi, ao mesmo tempo, aumentado.

Esse progresso teórico nos incitou a dar do complexo uma fórmula generalizada, que permite incluir os fenômenos conscientes de estrutura semelhante. Tal como os sentimentos nos quais é preciso ver complexos emocionais conscientes, os sentimentos familiares especialmente sendo, muitas vezes, a imagem invertida de complexos inconscientes. Tal como também as crenças delirantes, nas quais o sujeito afirma um complexo como uma realidade objetiva, o que mostraremos particularmente nas psicoses familiares. Complexos, imagos, sentimentos e crenças vão ser estudados em sua relação com a família e em função do desenvolvimento psíquico que organizam, desde a criança educada na família até o adulto que a reproduz.

I. O complexo do desmame

O complexo do desmame fixa no psiquismo a relação da alimentação, sob o modo parasitário que as necessidades dos primeiros meses de vida do homem exigem; ele representa a forma primordial da imago materna. Portanto, ele funda os sentimentos mais arcaicos e mais estáveis que unem o indivíduo à família. Tocamos aqui no complexo mais primitivo do desenvolvimento psíquico, aquele que se compõe com todos os complexos ulteriores; é mais surpreendente ainda vê-lo inteiramente dominado por fatores culturais e assim, desde este estádio primitivo, radicalmente diferente do instinto.

Aproxima-se dele, no entanto, por duas características: o complexo do desmame, por um lado, se produz com traços tão gerais em toda a extensão da espécie que podemos considerá-lo como genérico; por outro lado, ele representa no psiquismo uma função biológica, exercida por um aparelho anatomicamente diferenciado: a lactação. Desse modo, compreende-se que se tenha querido relacionar a um instinto, mesmo no homem, os comportamentos fundamentais que ligam a mãe à criança. Mas isso é negligenciar um caráter essencial do instinto: sua regulação fisiológica se manifesta no fato de que o instinto materno pára de agir no animal quando o fim da amamentação é completado.

No homem, pelo contrário, é uma regulação cultural que condiciona o desmame. Ela surge aí como dominante, mesmo se o limitarmos ao ciclo da ablactação propriamente dita, ao qual corresponde, entretanto, o período fisiológico da glândula comum na classe dos mamíferos. Se a regulação que se observa na realidade não aparece como nitidamente contra a natureza a não ser em práticas retrógradas — que não estão todas em via de desuso —, seria ceder a uma ilusão grosseira procurar na fisiologia a base instintiva dessas regras, mais conformes à natureza, que o ideal das culturas mais avançadas impõe ao desmame, como ao conjunto dos costumes. De fato, o desmame, por qualquer das contingências operatórias que comporta, é freqüentemente um traumatismo psíquico cujos efeitos individuais, anorexias ditas mentais, toxicomanias pela boca, neuroses gástricas, revelam suas causas à psicanálise.

Traumatizante ou não, o desmame deixa no psiquismo humano o traço permanente da relação biológica que ele interrompe. Essa crise vital se duplica, com efeito, numa crise do psiquismo, a primeira sem dúvida cuja solução tenha uma estrutura dialética. Pela primeira vez, parece, uma tensão vital se resolve em intenção mental. Por esta intenção, o desmame é aceito ou recusado; a intenção certamente é bastante elementar, uma vez que nem mesmo pode ser atribuída a um eu ainda no estado de rudimento; a aceitação ou a recusa não podem ser concebidas como uma escolha, uma vez que, na ausência de um eu que afirma ou nega, elas não são contraditórias; mas, pólos coexistentes e contrários, elas determinam uma atitude ambivalente por essência, ainda que uma delas prevaleça. Essa ambivalência primordial, durante as crises que asseguram a continuidade do desenvolvimento, se resolverá em diferenciações psíquicas de um nível dialético cada vez mais elevado e de uma irreversibilidade crescente. A prevalência original aí mudará muitas vezes de sentido e poderá, por isso, sofrer os destinos mais diversos; ela aí se reecontrará, entretanto, no tempo e no tom, próprios a ela, que imporá a essas crises e às novas categorias com que cada um dotará a vivência.

É a recusa do desmame que funda o positivo do complexo, a saber, a imago da relação nutriente que ele tende a restabelecer. Essa imago é dada em seu conteúdo pelas sensações próprias aos primeiros meses de vida, mas só tem forma à medida que estas se organizam mentalmente. Ora, sendo esse estádio anterior ao advento da forma do objeto, não parece que esses conteúdos possam se representar na consciência. Eles aí se reproduzem, entretanto, nas estruturas mentais que modelam, como dissemos, as experiências psíquicas ulteriores. Eles serão reevocados por associação na ocorrência destas, mas inseparáveis dos conteúdos objetivos que terão *informado.* Analisemos esses conteúdos e essas formas.

O estudo do comportamento da primeira infância permite-nos afirmar que as sensações extero-, próprio- e interoceptivas ainda não estão, após o décimo segundo mês, suficientemente coordenadas para que seja concluído o reconhecimento do próprio corpo, nem correlativamente a noção do que lhe é exterior.

Muito cedo, entretanto, certas sensações exteroceptivas se isolam esporadicamente em unidades de percepção. Esses elementos de objetos correspondem, como é de prever, aos primeiros interesses afetivos. Disso dão testemunho a precocidade e a eletividade das reações da criança diante da aproximação e da partida das pessoas que cuidam dela. É preciso, porém, mencionar à parte, como um fato de estrutura, a reação de interesse que a criança manifesta diante do rosto humano: ela é extremamente precoce, observando-se desde os primeiros dias e antes mesmo que as coordenações motoras dos olhos estejam concluídas. Esse fato não pode ser destacado do progresso pelo qual o rosto humano assumirá todo o seu valor de expressão psíquica. Esse valor, por ser social, não pode ser tido como convencional. A potência reativada, muitas vezes de modo inefável, que a máscara humana assume nos conteúdos mentais das psicoses parece dar testemunho do arcaísmo de sua significação.

Seja como for, essas reações eletivas permitem conceber na criança um certo conhecimento muito precoce da presença que a função materna preenche, e o papel de traumatismo causal que, em algumas neuroses e certos distúrbios do caráter, pode desempenhar uma substituição dessa presença. Esse conhecimento, muito arcaico e para o qual parece feito o calembur claudeliano de *co-naissance**, pouco se distingue da adaptação afetiva. Ele permanece inteiramente comprometido com a satisfação das necessidades próprias aos primeiros meses de vida e com a ambivalência típica das relações mentais que nela se esboçam. Essa satisfação surge com os sinais da maior plenitude com que possa ser preenchido o desejo humano, por pouco que se considere a criança ligada à mama.

As sensações proprioceptivas da sucção e da preensão constituem, evidentemente, a base dessa ambivalência da vivência, que decorre da própria situação: o ser que absorve é inteiramente absorvido e o complexo arcaico lhe responde no abraço materno. Não falaremos aqui, com Freud, de auto-erotismo, uma vez que o eu não está constituído, nem de narcisismo, uma vez que não há imagem do eu; muito menos ainda de erotismo oral, uma vez que a nostalgia do seio nutriente, sobre a qual se equivocou a escola psicanalítica, não depende do complexo do desmame senão através de seu remanejamento pelo complexo de Édipo. "Canibalismo", mas canibalismo fusional, inefável, simultaneamente ativo e passivo, sempre sobrevivente nos jogos e palavras simbólicas que, no mais evoluído amor, recordam o desejo da larva — reconheceremos

---

* *Co-nascimento*, que em francês soa equivocamente: *conhecimento.*

nesses termos a relação com a realidade sobre a qual repousa a imago materna.

Mesmo essa base não pode ser destacada do caos das sensações interoceptivas de que ela emerge. A angústia, cujo protótipo surge na asfixia do nascimento, o frio, ligado à nudez do tegumento, e o mal-estar labiríntico a que corresponde a satisfação do acalanto, organizam, por sua tríade, o tom penoso da vida orgânica que, para os melhores observadores, domina os seis primeiros meses do homem. Esses mal-estares primordiais têm todos a mesma causa: uma insuficiente adaptação à ruptura das condições do ambiente e de nutrição que constituem o equilíbrio parasitário da vida intra-uterina.

Essa concepção está de acordo com o que, na experiência, a psicanálise encontra como fundamento último da imago do seio materno: sob as fantasias do sonho, como sob as obsessões da vigília se desenham com uma precisão impressionante as imagens do *habitat* intra-uterino e do limiar anatômico da vida extra-uterina. Em presença dos dados da fisiologia e do fato anatômico da não-mielinização dos centros nervosos superiores no recém-nascido, é, no entanto, impossível fazer do nascimento, como certos psicanalistas, um traumatismo psíquico. A partir daí, essa forma da imago permaneceria um enigma se o estado pós-natal do homem não manifestasse, por seu próprio mal-estar, que a organização postural, tônica, equilibratória, peculiar à vida intra-uterina, sobrevive a esta.

É preciso notar que o atraso da dentição e da marcha, um atraso correlativo da maioria dos aparelhos e das funções, determinam na criança uma impotência vital total que perdura além dos dois primeiros anos. Deve esse fato ser considerado como solidário daqueles que dão ao desenvolvimento somático ulterior do homem o caráter de exceção em relação aos animais de sua classe: a duração do período da infância e o atraso da puberdade? Seja como for, não se deve hesitar em reconhecer, nos primeiros meses de vida, uma deficiência biológica positiva e em considerar o homem como um animal de nascimento prematuro. Essa concepção explica a generalidade do complexo e que ele seja independente dos acidentes da ablactação. Esta — desmame no sentido estrito — dá expressão psíquica, a primeira e também a mais adequada, à imago mais obscura de um desmame mais antigo, mais penoso e de maior amplitude vital: aquele que, no nascimento, separa a criança da matriz, separação prematura da qual provém um mal-estar que nenhum cuidado materno pode compensar. Recordemos a esse respeito um fato pediátrico conhecido, o retardo afetivo muito especial que se observa nas crianças prematuras.

Assim constituída, a imago do seio materno domina toda a vida do homem. Em razão de sua ambivalência, no entanto, ela pode conseguir se saturar no reviramento da situação que ela representa, o que só é realizado estritamente na ocasião da maternidade. No aleitamento, no abraço e na contemplação da criança, a mãe, ao mesmo tempo, recebe e satisfaz o mais primitivo de todos os desejos. Até a tolerância da dor do parto pode ser compreendida como o fato de uma compensação representativa do primeiro dos fenômenos afetivos que surge: a angústia, nascida com a vida. Apenas a imago que imprime no mais profundo do psiquismo o desmame congênito do homem pode explicar a potência, a riqueza e a duração do sentimento materno. A realização dessa imago na consciência assegura à mulher uma satisfação psíquica privilegiada, ao passo que seus efeitos na conduta da mãe preservam a criança do abandono que seria fatal para esta.

Opondo o complexo ao instinto, não negamos ao complexo todo e qualquer fundamento biológico e, definindo-o por certas relações ideais, nós o ligamos, contudo, à sua base material. Esta base é a função que ele assegura no grupo social; e esse fundamento biológico pode ser visto na dependência vital do indivíduo em relação ao grupo. Ao passo que o instinto tem um *suporte* orgânico e não é nada mais do que a regulação deste numa função vital, o complexo só ocasionalmente tem uma *relação* orgânica, quando ele supre uma insuficiência vital pela regulação de uma função social. Este é o caso do complexo do desmame. Essa relação orgânica explica que a imago da mãe se atenha às profundezas do psiquismo e que sua sublimação seja particularmente difícil, o que se manifesta na ligação da criança "às saias da mãe" e na duração às vezes anacrônica desse elo.

A imago, no entanto, deve ser sublimada para que novas relações se introduzam com o grupo social, para que novos complexos as integrem ao psiquismo. Na medida em que resiste a essas exigências novas que são as do progresso da personalidade, a imago, salutar na origem, torna-se fator de morte.

Que a tendência à morte seja vivida pelo homem como objeto de um apetite, esta é uma realidade que a análise faz aparecer em todos os níveis do psiquismo; dessa realidade, coube ao inventor da psicanálise reconhecer o caráter irredutível, mas a explicação que ele deu através de um *instinto de morte,* por mais deslumbrante que seja, não deixa de ser contraditória nos termos; tanto é verdade que o gênio mesmo, em Freud, cede ao preconceito do biólogo que exige que toda tendência se relacione a um instinto. Ora, a tendência à morte, que especifica o psiquismo do homem, explica-se de modo satisfatório pela concepção que aqui desenvolvemos, a saber, que o complexo, unidade funcional desse psiquismo, não corresponde a funções vitais, mas à insuficiência congênita dessas funções.

Essa tendência psíquica à morte, sob a forma original que lhe dá o desmame, revela-se em suicídios muito especiais que se caracterizam como "não-violentos", ao mesmo tempo que aí aparece a forma oral do complexo: greve de fome da anorexia mental, envenenamento lento de certas toxicomanias pela boca, regime de fome das neuroses gástricas. A análise desses casos mostra que, em seu abandono à morte, o sujeito procura reencontrar a imago da mãe. Essa associação mental não é apenas mórbida. Ela é genérica, como se vê na prática da sepultura, da qual certas formas manifestam claramente o sentido psicológico de retorno ao seio da mãe; como revelam ainda as conexões estabelecidas entre a mãe e a morte, tanto pelas técnicas mágicas quanto pelas concepções das teologias antigas; como se observa, enfim, em toda experiência psicanalítica bastante avançada.

Mesmo sublimada, a imago do seio materno continua a desempenhar um importante papel psíquico para nosso sujeito. Sua forma mais subtraída da consciência, a do *habitat* pré-natal, encontra na habitação e no seu limiar, sobretudo em suas formas primitivas, a caverna, a cabana, um símbolo adequado.

Com isso, tudo o que constitui a unidade doméstica do grupo familiar torna-se, para o indivíduo, à medida que ele é mais capaz de abstraí-la, o objeto de uma afeição distinta daquelas que o unem a cada membro desse grupo. Com isso, ainda, o abandono das seguranças que a economia familiar comporta tem o alcance de uma repetição do desmame e, na maioria das vezes, é apenas nessa ocasião que o complexo é liquidado suficientemente. Todo retorno, ainda que parcial, a essas seguranças pode desencadear no psiquismo ruínas sem proporção com o benefício prático desse retorno.

Todo acabamento da personalidade exige esse novo desmame. Hegel formula que o indivíduo que não luta para ser reconhecido fora do grupo familiar nunca atinge a personalidade antes da morte. O sentido psicológico dessa tese aparecerá na seqüência de nosso estudo. No que tange à dignidade pessoal, é apenas à das entidades nominais que a família promove o indivíduo, e ela só pode fazê-lo no momento da sepultura.

A saturação do complexo funda o sentimento materno; sua sublimação contribui para o sentimento familiar; sua liquidação deixa traços onde é possível reconhecê-la: é essa estrutura da imago que permanece na base dos progressos mentais que a remanejaram. Se fosse preciso definir a forma mais abstrata onde a encontramos, nós a caracterizaríamos assim: uma assimilação perfeita da totalidade ao ser. Sob essa fórmula de aspecto um pouco filosófica, reconheceremos as seguintes nostalgias da humanidade: miragem metafísica da harmonia universal, abismo místico da fusão afetiva, utopia social de uma tutela totalitária, todas saídas da obsessão do paraíso perdido de antes do nascimento e da mais obscura aspiração à morte.

II. O complexo da intrusão

O complexo da intrusão representa a experiência que o sujeito primitivo realiza, na maioria das vezes quando vê um ou vários de seus semelhantes participar com ele na relação doméstica, melhor dizendo, quando ele se reconhece como tendo irmãos. As condições serão, portanto, muito variáveis, por um lado, segundo as culturas e a extensão que elas dão ao grupo doméstico, por outro, segundo as contingências individuais, e primeiramente segundo o lugar que a sorte dá ao sujeito na ordem dos nascimentos, segundo a posição dinástica, pode-se dizer que ele ocupa assim antes de qualquer conflito: a de abastado ou a de usurpador.

O ciúme infantil tem já de longa data impressionado os observadores: "Vi", diz Santo Agostinho, "e observei uma [criança], cheia de inveja, que ainda não falava e já olhava, pálida, de rosto colérico, para o irmãozinho colaço"* (*Confissões,* I, VII). O fato aqui revelado ao espanto do moralista permaneceu muito tempo reduzido ao valor de um tema de retórica, utilizável para todos os fins apologéticos.

A observação experimental da criança e as investigações psicanalíticas, demonstrando a estrutura do ciúme infantil, esclareceram seu papel na gênese da sociabilidade e, por aí, do próprio conhecimento enquanto humano. Digamos que o ponto crítico revelado por essas pesquisas é que o ciúme, em sua essência, representa não uma rivalidade vital, mas uma identificação mental.

Crianças entre seis meses e dois anos sendo confrontadas aos pares e sem terceiros, e deixadas em sua espontaneidade lúdica, fazem-nos constatar o seguinte: entre as crianças assim colocadas juntas aparecem reações diversas nas quais parece manifestar-se uma comunicação. Entre essas reações, um tipo se distingue, pelo fato de se poder reconhecer uma rivalidade objetivamente definível: ele comporta, com efeito, entre os sujeitos, uma certa adaptação das posturas e dos gestos, a saber, uma conformidade em sua alternância, uma convergência em sua série, que os ordenam em provocações e respostas, permitindo afirmar, sem prejulgar consciência dos sujeitos, que eles realizam a situação como tendo dupla saída, como uma alternativa. Na medida mesma dessa adaptação, pode-se admitir que, desde esse estádio, se esboça o reconhecimento de um rival, ou seja, de um "outro" como objeto. Ora, se tal reação

* Tradução de J. Oliveira Santos, S. J., e A. Ambrósio de Pina, S. J.

pode ser muito precoce, ela se mostra determinada por uma condição tão dominante que aparece como unívoca: a saber, um limite que não pode ser ultrapassado na distância de idade entre os sujeitos. Esse limite se restringe a dois meses e meio no primeiro ano do período considerado e permanece estrito do mesmo modo ao se ampliar.

Se essa condição não for preenchida, as reações que se observam entre as crianças confrontadas têm um valor inteiramente diferente. Examinemos as mais freqüentes: as da exibição, da sedução, do despotismo. Ainda que aí figurem dois parceiros, a relação que caracteriza cada uma delas se revela à observação, não como um conflito entre dois indivíduos, mas, em cada sujeito, como um conflito entre duas atitudes opostas e complementares, e essa participação bi-polar é constitutiva da própria situação. Para compreender essa estrutura, detenhamo-nos por um instante na criança que se oferece como espetáculo e naquela que a acompanha com o olhar: qual das duas é mais espectadora? Ou então observemos a criança que prodigaliza a uma outra suas tentativas de sedução: onde está o sedutor? Finalmente, da criança que se deleita com as provas da dominação que exerce e daquela que se compraz em se submeter a elas, perguntemo-nos: qual está mais escravizada? Aqui se realiza o seguinte paradoxo: que cada parceiro confunde a parte do outro com a sua própria e com ele se identifica; mas que ele pode sustentar essa relação numa participação propriamente insignificante desse outro e viver, então, toda a situação sozinho, tal como é manifestado pela discordância, às vezes total, entre suas condutas. Vale dizer que a identificação, específica das condutas sociais, nesse estádio, se funda num sentimento do outro, que só pode ser mal conhecido sem uma concepção correta de seu valor inteiramente *imaginário*.

Qual é, então, a estrutura dessa imago? Uma primeira indicação nos é dada pela condição reconhecida acima como necessária a uma adaptação real entre parceiros, a saber, uma diferença de idade muito estreitamente limitada. Se nos referirmos ao fato de que esse estádio é caracterizado por transformações da estrutura nervosa bastante rápidas e profundas para dominar as diferenciações individuais, compreenderemos que essa condição equivale à exigência de uma similitude entre os sujeitos. Depreende-se que a imago do outro está ligada à estrutura do corpo próprio, e mais especialmente de suas funções de relação, por uma certa similitude objetiva.

A doutrina da psicanálise permite uma maior aproximação do problema. Ela nos mostra no irmão, no sentido neutro, o objeto eletivo das exigências da libido que, no estádio que estudamos, são homossexuais. Mas ela também insiste sobre a confusão, nesse objeto, de duas relações afetivas, amor e identificação, cuja oposição será fundamental nos estádios ulteriores.

Essa ambigüidade original é novamente encontrada no adulto, na paixão do ciúme amoroso, e é aí que podemos melhor apreendê-la. Com efeito, devemos reconhecê-la no poderoso interesse que o sujeito tem pela imagem do rival: interesse que, ainda que se afirme como ódio, ou seja, como negativo, e ainda que se motive pelo objeto pretendido do amor, não deixa de parecer menos entretido pelo sujeito da maneira mais gratuita e mais custosa, e, freqüentemente, domina a tal ponto o próprio sentimento amoroso, que deve ser interpretado como o interesse essencial e positivo da paixão. Esse interesse confunde nele a identificação e o amor, e, por só aparecer mascarado no registro do pensamento do adulto, não deixa de conferir à paixão que ele sustenta esta irrefutabilidade que a aparenta com a obsessão. A agressividade máxima que encontramos nas formas psicóticas da paixão é constituída bem mais pela negação desse singular interesse do que pela rivalidade que parece justificá-la.

Mas é especialmente na situação fraterna primitiva que a agressividade se demonstra secundária à identificação. A doutrina freudiana permanece incerta nesse ponto; a idéia darwiniana de que a luta está na própria origem da vida conserva, efetivamente, um grande crédito junto ao biólogo; mas, sem dúvida, é preciso reconhecer aqui o prestígio menos criticado de uma ênfase moralizante, que se transmite através de clichês tais como: *homo homini lupus.* Ao contrário, é evidente que a provisão de alimentos constitui precisamente para os jovens uma neutralização temporária das condições da luta pelo alimento. Essa significação é ainda mais evidente no homem. O aparecimento do ciúme relacionado com a alimentação, segundo o tema clássico ilustrado acima por uma citação de Santo Agostinho, deve, pois, ser interpretado com prudência. De fato, o ciúme pode se manifestar nos casos em que o sujeito, tendo sofrido o desmame há muito tempo, não está em situação de concorrência vital em relação a seu irmão. O fenômeno parece, pois, exigir como prévia uma certa identificação ao estado do irmão. De resto, a doutrina analítica, caracterizando como sadomasoquista a tendência típica da libido nesse mesmo estádio, ressalta sem dúvida que a agressividade domina, então, a economia afetiva, mas também que ela é sempre simultaneamente sofrida e posta em ato (*agie*), ou seja, sustentada por uma identificação ao outro, objeto da violência.

Lembremos que esse papel de foro íntimo que o masoquismo desempenha no sadismo foi posto em relevo pela psicanálise e que é o enigma que o masoquismo constitui na economia dos instintos vitais que levou Freud a afirmar um *instinto de morte.*

Se se quiser seguir a idéia que indicamos acima e designar conosco, no mal-estar do desmame humano, a fonte do desejo de morte, reconhecer-se-á no masoquismo primário o momento dialético em que o sujeito assume, por seus primeiros atos de jogo, a reprodução desse mesmo mal-estar e, com isso, o sublima e o ultrapassa. Foi justamente assim que os jogos primitivos da criança se mostraram ao olho conhecedor de Freud: essa alegria da primeira infância em rejeitar um objeto do campo de seu olhar, depois, encontrado o objeto, em renovar inesgotavelmente sua exclusão, significa justamente que é o patético do desmame que o sujeito inflige de novo a si mesmo, tal como ele o sofreu, mas do qual ele triunfa, agora que é ativo em sua reprodução.

O desdobramento assim esboçado no sujeito é a identificação com o irmão que permite sua conclusão: ela fornece a imagem que fixa um dos pólos do masoquismo primário. Assim, a não-violência do suicídio primordial engendra a violência do assassínio imaginário do irmão. Mas essa violência não tem relação com a luta pela vida. O objeto que a agressividade escolhe nos primitivos jogos da morte é, com efeito, chocalho ou rebotalho, biologicamente indiferente; o sujeito o abole gratuitamente, de algum modo pelo simples prazer, consumindo assim apenas a perda do objeto materno. A imagem do irmão não desmamado só atrai uma agressão especial porque repete no sujeito a imago da situação materna e, com ela, o desejo de morte. Esse fenômeno é secundário à identificação.

A identificação afetiva é uma função psíquica cuja originalidade foi estabelecida pela psicanálise, especialmente no complexo de Édipo, como veremos. Mas o emprego desse termo no estádio que estudamos permanece mal definido na doutrina; foi o que tentamos suprir por uma teoria dessa identificação, cujo momento genético designamos com o termo estádio do espelho.

O estádio assim considerado corresponde ao declínio do desmame, ou seja, ao fim desses seis meses cuja dominante psíquica de mal-estar, correspondente ao atraso do crescimento físico, traduz essa prematuração do nascimento que é, como dissemos, o fundamento específico do desmame no homem. Ora, o reconhecimento pelo sujeito de sua imagem no espelho é um fenômeno que, para a análise desse estádio, é duplamente significativo: o fenômeno aparece após seis meses e seu estudo nesse momento revela de maneira demonstrativa as tendências que constituem, então, a realidade do sujeito; a imagem especular, em virtude mesmo dessas afinidades, fornece um bom símbolo dessa realidade: de seu valor afetivo, ilusório como a imagem, e de sua estrutura, como ela reflete a forma humana.

A percepção da forma do semelhante enquanto unidade mental está, no ser vivo, ligada a um nível correlativo de inteligência e de sociabilidade. A imitação ao ouvir um sinal mostra essa percepção, reduzida, no animal de rebanho; as estruturas econômicas, ecopráxicas manifestam sua infinita riqueza no macaco e no homem. É esse o sentido primário do interesse que um e outro manifestam por sua imagem especular. Mas se seus comportamentos em relação a essa imagem, sob a forma de tentativas de apreensão manual, parecem assemelhar-se, esses jogos só predominam no homem durante um momento, ao fim do primeiro ano, idade denominada por Bühler "idade do chimpanzé", porque aí o homem passa por um nível semelhante de inteligência instrumental.

Ora, o fenômeno de percepção, que se produz no homem desde o sexto mês, surgiu a partir desse momento sob uma forma inteiramente diferente, característica de uma intuição iluminativa, a saber, sobre o fundo de uma inibição atenta, revelação súbita do comportamento adaptado (aqui, gesto de referência a alguma parte do corpo próprio); depois, esse esbanjamento jubilatório de energia que assinala objetivamente o triunfo; essa dupla reação que deixa entrever o sentimento de compreensão sob sua forma inefável. Tais características traduzem, como afirmamos, o sentido secundário que o fenômeno recebe das condições libidinais que envolvem seu aparecimento. Essas condições são apenas as tensões psíquicas provenientes dos meses de prematuração e que parecem traduzir uma dupla ruptura vital: ruptura dessa adaptação imediata ao meio que define o mundo do animal por sua co-naturalidade; ruptura dessa unidade do funcionamento do vivo que submete, no animal, a percepção à pulsão.

A discordância, nesse estádio, no homem, tanto das pulsões quanto das funções, não é senão a seqüência da incoordenação prolongada dos aparelhos. Daí resulta um estádio constituído afetiva e mentalmente sobre a base de uma proprioceptividade que dá o corpo como despedaçado: por um lado, o interesse psíquico se acha deslocado para tendências que visam algum recolamento do corpo próprio; por outro, a realidade, submetida inicialmente a um despedaçamento perceptivo, cujo caos atinge até suas categorias, "espaços", por exemplo, tão díspares quanto as estáticas sucessivas da criança, se ordena refletindo as formas do corpo que fornecem de alguma forma o modelo de todos os objetos.

Trata-se aí de uma estrutura arcaica do mundo humano, cujos profundos vestígios a análise do inconsciente mostrou: fantasias de desmembramento, de deslocação do corpo, entre as quais as da castração são apenas uma imagem valorizada por um complexo particular; a imago do duplo, cujas objetivações fantásticas, tais como diversas causas as realizam em diferentes idades da vida, revelam ao psiquiatra que ela evolui com o crescimento do sujeito; enfim, esse simbolismo antropomórfico e orgânico dos objetos dos quais a psicanálise, nos sonhos e nos sintomas, fez a prodigiosa descoberta.

A tendência pela qual o sujeito restaura a unidade perdida de si mesmo toma lugar, desde a origem, no centro da consciência. Ela é a fonte de energia de seu progresso mental, cuja estrutura é determinada pela predominância das funções visuais. Se a procura de sua unidade afetiva promove no sujeito as formas em que ele representa sua identidade, a forma mais intuitiva é dada, nessa fase, pela imagem especular. O que o sujeito dela saúda é a unidade mental que lhe é inerente. O que ele reconhece nela é o ideal da imago do duplo. O que ele nela aclama é o triunfo da tendência salutar.

O mundo próprio a essa fase é, pois, um mundo narcísico. Designando-o desse modo, não evocamos apenas sua estrutura libidinal pelo termo mesmo com que Freud e Abraham, desde 1908, assinalaram o sentido puramente energético de investimento da libido no corpo próprio; queremos também penetrar sua estrutura mental com o sentido pleno do mito de Narciso; que esse sentido indica a morte: a insuficiência vital de que provém esse mundo; ou o reflexo especular: a imago do duplo que lhe é central; ou a ilusão da imagem: esse mundo, como veremos, não contém o outro.

A percepção da atividade do outro não basta, com efeito, para romper o isolamento afetivo do sujeito. Tanto quanto a imagem do semelhante só desempenha seu papel primário, limitado à função de expressividade, ela desencadeia no sujeito emoções e posturas similares, ao menos na medida em que a estrutura atual de seus aparelhos o permite. Mas enquanto sofre essa sugestão emocional ou motora, o sujeito não se distingue da própria imagem. Mais do que isso, na discordância característica dessa fase, a imagem só faz acrescentar a intrusão temporária de uma tendência estrangeira. Chamemo-la intrusão narcísica: a unidade que ela introduz nas tendências contribuirá, entretanto, para a formação do eu. Mas, antes que o eu afirme sua identidade, ele se confunde com essa imagem que o forma, mas o aliena primordialmente.

Digamos que o eu conservará dessa origem a estrutura ambígua do espetáculo que, manifesto nas situações acima descritas do despotismo, da sedução, da exibição, dá sua forma a pulsões, sadomasoquista e escoptofílica (desejo de ver e de ser visto), em sua essência destruidoras do outro. Notemos, também, que essa intrusão primordial faz compreender toda projeção do eu constituído, quer ela se manifeste como mitomaníaca na criança cuja identificação pessoal ainda vacila, como transitivista no paranóico cujo eu regride a um estádio arcaico, ou como compreensiva quando é integrada num eu normal.

O eu se constitui ao mesmo tempo que o outro no drama do ciúme. Para o sujeito, é uma discordância que intervém na satisfação espetacular, pela tendência que esta sugere. Ela implica a introdução de um terceiro objeto que substitui a confusão afetiva, assim como a ambigüidade espetacular, pela concorrência de uma situação triangular. Assim, o sujeito, comprometido no ciúme por identificação, desemboca numa alternativa nova em que a sorte da realidade está em jogo: ou ele reencontra o objeto materno e vai se agarrar à recusa do real e à destruição do outro; ou, levado a algum outro objeto, ele o recebe sob a forma característica do conhecimento humano, como objeto comunicável, já que concorrência implica ao mesmo tempo rivalidade e concordância; mas, ao mesmo tempo, ele reconhece o outro com o qual se engaja a luta ou o contrato, em resumo, ele encontra, ao mesmo tempo, o outro e o objeto socializado. Ainda aqui o ciúme humano se distingue, portanto, da rivalidade vital imediata, já que ele forma seu objeto mais do que o determina; ele se revela como o arquétipo dos sentimentos sociais.

O eu assim concebido não encontra antes da idade de três anos sua constituição essencial; é aquela mesma, como vemos, da objetividade fundamental do conhecimento humano. Ponto notável, este último retira sua riqueza e seu poderio da insuficiência vital do homem em suas origens. O simbolismo primordial do objeto favorece tanto sua extensão fora dos limites dos instintos vitais quanto sua percepção como instrumento. Sua socialização pela simpatia ciumenta funda sua permanência e sua substancialidade.

São esses os traços essenciais do papel psíquico do complexo fraterno. Seguem-se algumas de suas aplicações.

O papel traumatizante do irmão, no sentido neutro, é, pois, constituído por sua intrusão. O fato e a época de seu aparecimento determinam sua significação para o sujeito. A intrusão parte do recém-chegado para infestar o ocupante; na família, é, em regra geral, a ocorrência de um nascimento e é o primogênito que, em princípio, desempenha o papel de paciente.

A reação do paciente ao traumatismo depende de seu desenvolvimento psíquico. Surpreendido pelo intruso na aflição do desmame, ele o reativa sem cessar diante de seu espetáculo: faz, então, uma regressão que se revelará, segundo os destinos do eu, como psicose esquizofrênica ou como neurose hipocondríaca; ou então ele reage pela destruição imaginária do monstro, que dará, do mesmo modo, quer impulsões perversas, quer uma culpa obsessiva.

O intruso sobrevindo, do contrário, só após o complexo de Édipo, ele é adotado na maioria das vezes no plano das identificações parentais, mais densas afetivamente e mais ricas de estrutura, como iremos ver. Ele não é mais, para o sujeito, o obstáculo ou o reflexo, mas uma pessoa digna de amor ou de ódio. As pulsões agressivas se sublimam em ternura ou em severidade.

Mas o irmão fornece, também, o modelo arcaico do eu. Aqui, o papel de agente cabe ao primogênito como sendo o mais acabado. Quanto mais conforme for esse modelo com o conjunto das pulsões do sujeito, mais feliz será a síntese do eu e mais reais as formas da objetividade. Será essa fórmula confirmada pelo estudo dos gêmeos? Sabe-se que numerosos mitos lhes imputam a potência do herói, através do que é restaurada na realidade a harmonia do seio materno, mas à custa de um fratricídio. Seja como for, é pelo semelhante que o objeto como o eu se realiza: quanto mais pode assimilar de seu parceiro, mais o sujeito conforta ao mesmo tempo sua personalidade e sua objetividade, garantes de sua futura eficácia.

Mas o grupo da fratria familiar, diverso em idade e sexo, é favorável às identificações mais discordantes do eu. A imago primordial do duplo sobre o qual o eu se modela parece inicialmente dominada pelas fantasias (*fantaisies*) da forma, como aparece na fantasia (*fantasme*)* comum aos dois sexos, da *mãe fálica* ou no *duplo fálico* da mulher neurótica. Tanto mais facilmente ela se fixará em formas atípicas, onde pertinências acessórias poderão desempenhar um papel tão grande

* Utiliza-se aqui o mesmo termo brasileiro *fantasia* para traduzir tanto *fantaisie* quanto *fantasme*, sendo o segundo o termo francês que designa a categoria psicanalítica, introduzida por Freud, de *fantasia inconsciente*. (N. do T.)

quanto diferenças orgânicas; e veremos, segundo o impulso, suficiente ou não, do instinto sexual, essa identificação da fase narcísica engendrar as exigências formais de uma homossexualidade ou de algum fetichismo sexual, ou então, no sistema de um eu paranóico, objetivar-se no tipo do perseguidor, externo ou íntimo.

As conexões da paranóia com o complexo fraterno se manifestam pela freqüência dos temas de filiação, de usurpação, de espoliação, como sua estrutura narcísica se revela nos temas mais paranóides da intrusão, da influência, do desdobramento, do duplo e de todas as transmutações delirantes do corpo.

Tais conexões se explicam pelo fato de que o grupo familiar, reduzido à mãe e à fratria, desenha um complexo psíquico no qual a realidade tende a permanecer imaginária ou, no máximo, abstraída. A clínica mostra que, efetivamente, o grupo assim tornado incompleto é muito favorável à eclosão das psicoses e que aí se encontra a maioria dos casos de delírio a dois.

III. O complexo de Édipo

Foi descobrindo na análise das neuroses os fatos edipianos que Freud evidenciou o conceito de complexo. O complexo de Édipo, exposto, tendo em vista o número de relações psíquicas que ele interessa em muitos pontos desta obra, impõe-se aqui — tanto para nosso estudo, uma vez que ele define mais particularmente as relações psíquicas na família humana — quanto para nossa crítica, na medida em que Freud dá esse elemento psicológico como a forma específica da família humana e lhe subordina todas as variações sociais da família. A ordem metódica aqui proposta, tanto na consideração das estruturas mentais quanto dos fatos sociais, conduzirá a uma revisão do complexo que permitirá situar a família paternalista na história e esclarecer mais adiante a neurose contemporânea.

A psicanálise revelou na criança pulsões genitais cujo apogeu se situa no quarto ano de vida. Sem nos estendermos aqui sobre sua estrutura, digamos que elas constituem uma espécie de puberdade psicológica, bastante prematura, como vemos, em relação à puberdade fisiológica. Fixando a criança por um desejo sexual ao objeto mais próximo que normalmente a presença e o interesse lhe oferecem, a saber, o progenitor do sexo oposto, essas pulsões fornecem ao complexo sua base; a frustração delas forma seu nó. Ainda que inerente à prematuração essencial dessas pulsões, essa frustração é referida pela criança ao terceiro objeto que as mesmas condições de presença e de interesse lhe designam normalmente como obstáculo para sua satisfação: a saber, ao progenitor do mesmo sexo.

A frustração que ela sofre é acompanhada, com efeito, comumente, de uma repressão educativa que tem por finalidade impedir qualquer realização dessas pulsões e, especialmente, sua realização masturbatória. Por outro lado, a criança adquire uma certa intuição da situação que lhe é proibida, tanto pelos sinais discretos e difusos que traem, para sua sensibilidade, as relações parentais, quanto pelos acasos intempestivos que as desvelam para ela. Através desse duplo processo, o progenitor do mesmo sexo aparece para a criança ao mesmo tempo como o agente da interdição sexual e como o exemplo de sua transgressão.

A tensão assim constituída se resolve, por um lado, por um recalcamento da tendência sexual que, a partir daí, permanecerá latente — dando lugar a interesses neutros, eminentemente favoráveis às aquisições educativas — até a puberdade;

por outro lado, pela sublimação da imagem parental que perpetuará na consciência um ideal representativo, garantia da coincidência futura das atitudes psíquicas e das atitudes fisiológicas no momento da puberdade. Esse duplo processo tem uma importância genética fundamental, pois permanece inscrito no psiquismo em duas instâncias permanentes: a que recalca se chama o supereu, a que sublima, o ideal do eu. Elas representam o acabamento da crise edipiana.

Esse esquema essencial do complexo corresponde a um grande número de dados da experiência. A existência da sexualidade infantil é doravante incontestada; de resto, por ter se revelado historicamente por essas seqüelas de sua evolução que constituem as neuroses, ela é acessível à observação mais imediata, e seu desconhecimento secular é uma prova impressionante da relatividade social do saber humano. As instâncias psíquicas que, com o nome de supereu e de ideal do eu, foram isoladas numa análise concreta dos sintomas das neuroses, manifestaram seu valor científico na definição e na explicação dos fenômenos da personalidade; há aí uma ordem de determinação positiva que dá conta de um grande número de anomalias do comportamento humano e, ao mesmo tempo, torna caducas, para esses distúrbios, as referências à ordem orgânica que, ainda que de puro princípio ou simplesmente míticas, servem de método experimental para toda uma tradição médica.

Na verdade, esse preconceito que atribui à ordem psíquica um caráter epifenomenal, ou seja, inoperante, era favorecido por uma análise insuficiente dos fatores dessa ordem e é precisamente à luz da situação definida como edipiana que tais acidentes da história do sujeito adquirem a significação e a importância que permitem relacioná-los a determinado traço individual de sua personalidade; podemos mesmo precisar que, quando esses acidentes afetam a situação edipiana como traumatismos em sua evolução, eles se repetem de preferência nos efeitos do supereu; se eles o afetam como atipias em sua constituição, é de preferência nas formas do ideal do eu que se refletem. Assim, como inibições da atividade criativa ou como inversões da imaginação sexual, um grande número de distúrbios, entre os quais muitos aparecem ao nível das funções somáticas elementares, encontraram sua redução teórica e terapêutica.

Descobrir que desenvolvimentos tão importantes para o homem quanto os da repressão sexual e do sexo psíquico estavam submetidos à regulação e aos acidentes de um drama psíquico da família era fornecer a mais preciosa contribuição à antropologia do grupo familiar, especialmente para o estudo das interdições que esse grupo formula universalmente e que têm por objeto o comércio sexual entre alguns de seus membros. Do mesmo modo, Freud chega rapidamente a formular uma teoria da família. Ela estava fundada numa dissimetria, surgida desde as primeiras pesquisas, na situação dos dois sexos em relação ao Édipo. O processo que vai do desejo edipiano a sua repressão só no menino aparece tão simples como expusemos inicialmente. Da mesma forma, este último é que é tomado constantemente como sujeito nas exposições didáticas do complexo.

O desejo edipiano aparece, com efeito, muito mais intenso no menino e, portanto, para a mãe. Por outro lado, a repressão revela, em seu mecanismo, traços que só parecem justificáveis inicialmente se, em sua forma típica, ela se exerce do pai para o filho. Aí se encontra o cerne do complexo de castração.

Essa repressão se opera através de um duplo movimento afetivo do sujeito: agressividade contra o progenitor em relação ao qual seu desejo sexual o coloca em postura de rival; temor secundário, experimentado em retorno de uma agressão semelhante. Ora, uma fantasia sustenta esses dois movimentos, tão notável que foi individualizada com eles num complexo dito de castração. Se esse termo se justifica pelos fins agressivos e repressivos que aparecem nesse momento do Édipo, ele é, no entanto, pouco conforme à fantasia que constitui seu evento original.

Essa fantasia consiste essencialmente na mutilação de um membro, ou seja, numa sevícia que só pode servir para castrar um macho. Mas a realidade aparente desse perigo, unida ao fato de que a ameaça é realmente formulada por uma tradição educativa, devia levar Freud a concebê-lo como sentido inicialmente pelo seu valor real e a reconhecer num temor inspirado de macho para macho, de fato pelo pai, o protótipo da repressão edipiana.

Nessa trilha, Freud recebia um apoio de um dado sociológico: não apenas a interdição do incesto com a mãe tem um caráter universal, através das relações de parentesco infinitamente diversas e muitas vezes paradoxais que as culturas primitivas punem com o tabu do incesto, mas ainda, qualquer que seja o nível da consciência moral numa cultura, essa interdição está sempre expressamente formulada e sua transgressão é sempre alvo de uma reprovação constante. É por isso que Frazer reconhece no tabu da mãe a lei primordial da humanidade.

É assim que Freud dá o salto teórico cujo abuso assinalamos em nossa introdução: da família conjugal que ele observava em seus sujeitos, a uma hipotética família primitiva concebida como uma horda que um indivíduo do sexo masculino domina por sua superioridade biológica monopolizando as mulheres núbeis. Freud se fundamenta no liame que se constata entre os tabus e as observâncias em relação ao totem, alternadamente objeto de inviolabilidade e de orgia sacrifical. Ele imagina um drama de assassínio do pai pelos filhos, seguido de uma consagração póstuma de seu poder sobre as mulheres pelos assassinos prisioneiros de uma insolúvel rivalidade: evento primordial do qual, juntamente com o tabu da mãe, teria saído toda tradição moral e cultural.

Mesmo que essa construção não fosse arruinada pelas petições de princípio que comporta — atribuir a um grupo biológico a possibilidade, que se trata justamente de fundar, do reconhecimento de uma lei —, suas próprias premissas pretensamente biológicas, a saber a tirania permanente exercida pelo chefe da horda, se reduziriam a um fantasma cada vez mais incerto à medida que nosso conhecimento dos Antropóides avança. Mas sobretudo os traços universalmente presentes e a extensa sobrevivência de uma estrutura matriarcal da família, a existência em sua área de todas as formas fundamentais da cultura, e especialmente de uma repressão com freqüência muito rigorosa da sexualidade, manifestam que a ordem da família humana possui fundamentos que escapam à força do macho.

Parece-nos, entretanto, que a imensa colheita dos fatos que o complexo de Édipo permitiu objetivar, faz cerca de cinqüenta anos, pode esclarecer a estrutura psicológica da família mais do que as intuições demasiadamente precipitadas que acabamos de expor.

O complexo de Édipo marca todos os níveis do psiquismo; mas os teóricos da psicanálise não definiram sem ambigüidade as funções que ele aí preenche; é por não ter distinguido suficientemente os planos de desenvolvimento sobre os quais eles o explicam. Se, com efeito, o complexo aparece para eles como o eixo segundo o qual *a evolução da sexualidade* se projeta na *constituição da realidade,* esses dois planos divergem no homem por uma incidência específica que é certamente reconhecida por eles como *repressão da sexualidade* e *sublimação da realidade*, mas deve ser integrada numa concepção mais rigorosa dessas relações de estrutura: o papel de maturação que o complexo desempenha nesses dois planos só pode ser considerado como paralelo de modo aproximativo.

O aparelho psíquico da sexualidade se revela inicialmente na criança sob as formas mais aberrantes em relação a seus fins biológicos, e a sucessão dessas formas dá testemunho de que é através de uma maturação progressiva que ele se conforma à organização genital. Essa maturação da sexualidade condiciona o complexo de Édipo formando suas tendências fundamentais, mas, inversamente, o complexo a favorece dirigindo-a para seus objetos.

O movimento do Édipo se opera, com efeito, através de um conflito triangular no sujeito; já vimos o jogo das tendências provenientes do desmame produzir uma formação dessa espécie; também é a mãe, objeto primeiro dessas tendências, como alimento a absorver e mesmo como seio onde se reabsorver, que se propõe inicialmente ao desejo edipiano. Compreende-se, assim, que esse desejo se caracterize melhor no homem, mas também que ele ofereça aí uma oportunidade singular para a reativação das tendências do desmame, ou seja, para uma regressão sexual. Essas tendências não constituem, com efeito, apenas um impasse psicológico; além disso, elas se opõem, aqui particularmente, à atitude de exteriorização, conforme à atividade do macho.

De modo inteiramente oposto, no outro sexo, no qual essas tendências possuem uma saída possível no destino biológico do sujeito, o objeto materno, desviando uma parte do desejo edipiano, tende decerto a neutralizar o potencial do complexo e, com isso, seus efeitos de sexualização, mas, impondo uma mudança de objeto, a tendência genital se destaca melhor das tendências primitivas e ainda mais facilmente porquanto não tem que inverter a atitude de interiorização herdada dessas tendências que são narcísicas. Desse modo, chega-se à conclusão ambígua de que, de um sexo a outro, quanto mais a formação do complexo for acusada, mais aleatório parece ser seu papel na adaptação sexual.

Vemos aqui a influência do complexo psicológico sobre uma relação vital e é por esse viés que ele contribui para a constituição da realidade. O que ele proporciona se dissimula nos termos de uma psicogênese intelectualista: é uma certa profundeza afetiva do objeto. Dimensão que, por constituir o fundamento de toda compreensão subjetiva, não se distinguiria como fenômeno se a clínica das doenças mentais não nos fizesse apreendê-la como tal propondo toda uma série de suas degradações aos limites da compreensão.

Por constituir, com efeito, uma norma da vivência, essa dimensão só pode ser reconstruída através de intuições metafóricas: densidade que confere existência ao objeto, perspectiva que nos dá a sensação de sua distância e nos inspira o respeito pelo objeto. Mas ela se demonstra nessas vacilações da realidade que fecundam o delírio: quando o objeto tende a se confundir com o eu ao mesmo tempo que a se reabsorver em fantasia, quando ele surge decomposto segundo um desses sentimentos que formam o espectro da irrealidade, desde os sentimentos de estranheza, de *déjà vu,* passando pelos falsos reconhecimentos, ilusões de sósia, sensações de adivinhação, de participação, de influência, intuições de significação, para chegar ao crepúsculo do mundo e a essa abolição afetiva que se designa formalmente em alemão como perda do objeto (*Objektverlust*).

Tais qualidades tão diversas da vivência, a psicanálise as explica pelas variações da quantidade de energia vital que o desejo investe no objeto. A fórmula, por mais verbal que possa parecer, corresponde, para os psicanalistas, a um dado de sua prática; eles contam com esse investimento nas "transferências" operatórias de suas curas; é nos recursos que esse investimento oferece que eles devem fundamentar a indicação do tratamento. Assim, eles reconheceram nos sintomas citados acima os índices de um investimento demasiado narcísico da libido, ao passo que a formação do Édipo aparecia como o momento e a prova de um investimento suficiente para a "transferência".

Esse papel do Édipo seria correlativo da maturação da sexualidade. A atitude instaurada pela tendência genital cristalizaria, segundo seu tipo normal, a relação vital com a realidade. Caracteriza-se essa atitude pelos termos de dom e de sacrifício, termos grandiosos, mas cujo sentido permanece ambíguo e hesita entre a proibição e a renúncia. Através deles, uma concepção audaciosa reencontra o conforto secreto de um tema moralizador: na passagem da captatividade à oblatividade confunde-se à vontade a prova vital com a prova moral.

Essa concepção pode ser definida como uma psicogênese analógica; ela é conforme ao defeito mais marcante da doutrina analítica: negligenciar a estrutura em benefício do dinamismo. No entanto, a própria experiência analítica traz uma contribuição para o estudo das formas mentais, demonstrando sua relação — seja de condições, seja de soluções — com as crises afetivas. É diferenciando o jogo formal do complexo que se pode estabelecer, entre sua função e a estrutura do drama que lhe é essencial, uma relação mais fixa.

O complexo de Édipo, ao mesmo tempo que marca o ápice da sexualidade infantil, também é o móvel da repressão que reduz suas imagens ao estado de latência até a puberdade; se ele determina uma condensação da realidade no sentido da vida, também é o momento da sublimação que no homem abre sua extensão desinteressada para essa realidade.

As formas sob as quais se perpetuam esses efeitos são designadas como supereu ou ideal do eu, conforme sejam inconscientes ou conscientes para o sujeito. Elas reproduzem, diz-se, a imago do progenitor do mesmo sexo, o ideal do eu contribuindo assim para o conformismo sexual do psiquismo. Mas a imago do pai teria, segundo a doutrina, nessas duas funções, um papel prototípico em virtude da dominação do sexo masculino.

Quanto à repressão da sexualidade, essa concepção se baseia, como indicamos, na fantasia de castração. Se a doutrina relaciona essa fantasia a uma ameaça real, é antes de mais nada porque, genialmente dinamista para reconhecer as tendências, Freud permanece enclausurado, pelo atomismo tradicional, na noção de autonomia das formas; é assim que, ao observar a existência da mesma fantasia na menina, ou de uma imagem fálica da mãe nos dois sexos, ele é coagido a explicar esses fatos por precoces revelações da dominação do sexo masculino, revelações que conduziriam a menina à nostalgia da virilidade, a criança a conceber sua mãe como viril. Gênese que, por encontrar um fundamento na identificação, requer para seu emprego uma sobrecarga tal de mecanismos que parece errônea.

Ora, o material da experiência analítica sugere uma interpretação diferente; a fantasia de castração é, com efeito, precedida por toda uma série de fantasias de despedaçamento do corpo que vão, regressivamente, da deslocação e do desmembramento, passam pela eviração, pelo eventramento, e chegam até à devoração e ao amortalhamento.

O exame dessas fantasias revela que sua série se inscreve numa forma de penetração, de sentido ao mesmo tempo destrutivo e investigador, que visa o segredo do seio materno, ao passo que essa relação é vivida pelo sujeito de modo mais ambivalente na proporção de seu arcaísmo. Mas os pesquisadores que compreenderam melhor a origem materna dessas fantasias (Melanie Klein) só se atêm à simetria e à extensão que elas trazem à formação do Édipo, revelando, por exemplo, a nostalgia da maternidade no menino. Seu interesse reside, a nosso ver, na irrealidade evidente de sua estrutura: o exame dessas fantasias encontradas nos sonhos e em algumas impulsões permite afirmar que elas não se relacionam com nenhum corpo real, mas com um manequim heteróclito, uma boneca barroca, um troféu de membros no qual é preciso reconhecer o objeto narcísico cuja gênese evocamos acima: condicionada pela precessão, no homem, de formas imaginárias do corpo sobre o domínio do corpo próprio, pelo valor de defesa que o sujeito dá a essas formas, contra a angústia do dilaceramento vital, fato da prematuração.

A fantasia de castração se relaciona a esse mesmo objeto: sua forma, nascida antes de qualquer referenciação do corpo próprio, antes de qualquer distinção de uma ameaça do adulto, não depende do sexo do sujeito e determina, de preferência, que ela não sofra as fórmulas da tradição educativa. Ela representa a defesa que o eu narcísico, identificado a seu duplo especular, opõe à renovação de angústia que, no primeiro momento do Édipo, tende a abalá-lo: crise que não ocasiona tanto a irrupção do desejo genital no sujeito quanto o objeto que ele reatualiza, a saber, a mãe. À angústia despertada por esse objeto o sujeito responde reproduzindo a rejeição masoquista com a qual ultrapassou sua perda primordial, mas ele a opera segundo a estrutura que adquiriu, ou seja, numa localização imaginária da tendência.

Tal gênese da repressão sexual não deixa de ter referência sociológica: ela se exprime nos ritos através dos quais os primitivos manifestam que essa repressão encontra suas raízes no liame social: ritos de festa que, para liberar a sexualidade, aí designam por sua forma orgíaca o momento da reintegração afetiva no Todo; ritos de circuncisão que, para sancionar a maturidade sexual, manifestam que a pessoa a ela só acede ao preço de uma mutilação corporal.

Para definir no plano psicológico essa gênese da repressão, devemos reconhecer na fantasia de castração o jogo imaginário que a condiciona, na mãe o objeto que a determina. É a forma radical das contrapulsões que se revelam à experiência analítica por constituírem o núcleo mais arcaico do supereu e por representarem a repressão mais maciça. Essa força se reparte com a diferenciação dessa forma, isto é, com o progresso pelo qual o sujeito realiza a instância repressiva na autoridade do adulto; não se poderia compreender de outra forma esse fato, aparentemente contrário à teoria, de que o rigor com o qual o supereu inibe as funções do sujeito tende a se estabelecer em razão inversa das severidades reais da educação. Ainda que o supereu já receba somente da repressão materna (disciplinas do desmame e dos esfíncteres) traços da realidade, é no complexo de Édipo que ele ultrapassa sua forma narcísica.

Aqui se introduz o papel desse complexo na sublimação da realidade. Deve-se partir, para compreendê-lo, do momento no qual a doutrina mostra a solução do drama, a saber, da forma que ela aí descobriu, a da identificação. É, com efeito, em virtude de uma identificação do sujeito com a imago do progenitor do mesmo sexo que o supereu e o ideal do eu podem revelar à experiência traços conformes às particularidades dessa imago.

A doutrina vê nesse ponto a obra de um narcisismo secundário; ela não distingue essa identificação da identificação narcísica: há igualmente assimilação do sujeito ao objeto; ela não vê aí outra diferença senão a constituição, com o desejo edipiano, de um objeto de mais realidade, opondo-se a um eu mais bem formado; da frustração desse desejo resultaria, segundo as constantes do hedonismo, o retorno do sujeito à sua primordial voracidade de assimilação e, da formação do eu, uma imperfeita introjeção do objeto: a imago, para se impor ao sujeito, se justapõe apenas ao eu nas duas exclusões do inconsciente e do ideal.

Uma análise mais estrutural da identificação edipiana permite, no entanto, reconhecer-lhe uma forma mais distintiva. O que aparece inicialmente é a antinomia das funções que a imago parental desempenha no sujeito: por um lado, ela inibe a função sexual, mas sob uma forma inconsciente, pois a experiência mostra que a ação do supereu contra as repetições da tendência permanece tão inconsciente quanto a tendência permanece recalcada. Por outro lado, a imago preserva essa função, mas a salvo de seu desconhecimento, pois é justamente a preparação das vias de seu retorno futuro que o ideal do eu representa na consciência. Assim, se a tendência se resolve sob as duas formas maiores, inconsciência, desconhecimento, nas quais a análise aprendeu a reconhecê-la, a própria imago aparece sob duas estruturas cujo afastamento define a primeira sublimação da realidade.

Entretanto, não se ressalta suficientemente que o objeto da identificação não é aqui o objeto do desejo, mas aquele que no triângulo edipiano se opõe a ele. A identificação de mimética tornou-se propiciatória; o objeto da participação sadomasoquista se desprende do sujeito, distancia-se dele na nova ambigüidade do temor e do amor. Mas, nesse passo rumo à realidade, o objeto primitivo do desejo parece escamoteado.

Esse fato define, para nós, a originalidade da identificação edipiana: ele nos parece indicar que, no complexo de Édipo, não é o momento do desejo que erige o objeto em sua nova realidade, mas o da defesa narcísica do sujeito.

Esse momento, fazendo surgir o objeto que sua posição situa como obstáculo ao desejo, mostra-o aureolado da transgressão sentida como perigosa; ele surge para o eu ao mesmo tempo como o apoio de sua defesa e o exemplo de seu triunfo. É por isso que esse objeto vem normalmente preencher o quadro do duplo com o qual o eu se identificou a princípio e através do qual ele ainda pode se confundir com outrem; ele traz ao eu uma segurança ao reforçar esse quadro, mas ao mesmo tempo se opõe a ele como um ideal que, alternadamente, o exalta e o deprime.

Esse momento do Édipo fornece o protótipo da sublimação tanto pelo papel de presença mascarada que nele desempenha a tendência quanto pela forma com que reveste o objeto. A mesma forma é sensível, com efeito, em cada crise em que se produz, para a realidade humana, essa condensação cujo enigma colocamos acima: é essa luz do espanto que transfigura um objeto dissolvendo suas equivalências no sujeito e o propõe não mais como meio para a satisfação do desejo, mas como pólo para as criações da paixão. É reduzindo novamente tal objeto que a experiência realiza todo e qualquer aprofundamento.

Uma série de funções antinômicas se constitui assim no sujeito pelas crises maiores da realidade humana, por conter as virtualidades indefinidas de seu progresso; se a função da consciência parece exprimir a angústia primordial e a da equivalência refletir o conflito narcísico, a do exemplo parece a contribuição original do complexo de Édipo.

Ora, a própria estrutura do drama edipiano designa o pai para dar à função de sublimação sua forma mais eminente, porque mais pura. A imago da mãe na identificação edipiana trai, com efeito, a interferência das identificações primordiais; ela marca com suas formas e com sua ambivalência tanto o ideal do eu quanto o supereu: na menina, da mesma forma que a repressão da sexualidade impõe mais preferencialmente às funções corporais esse despedaçamento mental no qual se pode definir a histeria, a sublimação da imago materna tende a se transformar em sentimento de repulsa por seu declínio e em preocupação sistemática com a imagem especular.

A imago do pai, à medida que domina, polariza nos dois sexos as formas mais perfeitas do ideal do eu, sobre as quais basta indicar que realizam o ideal viril no menino e o ideal virginal na menina. Ao contrário, nas formas diminuídas dessa imago podemos ressaltar as lesões físicas, especialmente aquelas que a apresentam como estropiada ou enceguecida, para desviar a energia de sublimação de sua direção criadora e favorecer sua reclusão em algum ideal de integridade narcísica. A morte do pai, em qualquer etapa do desenvolvimento que se produza e segundo o grau de acabamento do Édipo, tende, do mesmo modo, a estancar, coagulando-o, o progresso da realidade. A experiência, relacionando a tais causas um grande número de neuroses e sua gravidade, contradiz, portanto, a orientação teórica que designa a ameaça da força paterna como seu maior agente.

Se na análise psicológica do Édipo ficou evidenciado que ele deve ser compreendido em função de seus antecedentes narcísicos, isso não quer dizer que ele se funde fora da relatividade sociológica. A força mais decisiva de seus efeitos psíquicos se deve ao fato de que, com efeito, a imago do pai concentra a função de repressão com a de sublimação; mas este é o resultado de uma determinação social, a da família paternalista.

A autoridade familiar, nas culturas matriarcais, não é representada pelo pai, mas ordinariamente pelo tio materno. Um etnólogo cujo conhecimento muito deve à psicanálise, Malinowski, soube penetrar as incidências psíquicas desse fato: se o tio materno exerce esse apadrinhamento social de guardião dos tabus familiares e de iniciador dos ritos tribais, o pai, desincumbido de toda função repressiva, desempenha um papel de patronagem mais familiar, de mestre em técnicas e tutor da audácia nas empreitadas.

Essa separação de funções acarreta um equilíbrio diferente do psiquismo, que o autor atesta pela ausência de neurose nos grupos que ele observou nas ilhas do noroeste da Melanésia. Esse equilíbrio demonstra, felizmente, que o complexo de Édipo é relativo a uma estrutura social, mas não autoriza em nada a miragem paradisíaca, contra a qual o sociólogo deve sempre se defender: à harmonia que ele comporta se opõe, com efeito, a estereotipia que marca as criações da personalidade, da arte à moral, em semelhantes culturas, e devemos reconhecer nesse reverso, de acordo com a presente teoria do Édipo, o quanto o impulso da sublimação é dominado pela repressão social quando essas duas funções estão separadas.

É, pelo contrário, por ser investida pela repressão que a imago paterna projeta sua força original nas próprias sublimações que devem ultrapassá-la; é por amarrar em tal antinomia o progresso dessas funções que o complexo de Édipo retira sua fecundidade. Essa antinomia funciona no drama individual, nós a veremos aí se confirmar através de efeitos de decomposição; mas seus efeitos de progresso ultrapassam em muito esse drama, por estarem integrados num imenso patrimônio cultural: ideais normais, estatutos jurídicos, inspirações criadoras. O psicólogo não pode negligenciar essas formas que, concentrando na família conjugal as condições do conflito funcional do Édipo, reintegram no progresso psicológico a dialética social engendrada por esse conflito.

Que o estudo dessas formas se refira à história, eis aí já um dado para nossa análise; com efeito, é a um problema de estrutura que é preciso relacionar o fato de que a luz da tradição histórica só atinge plenamente os anais dos patriarcados, ao passo que só esclarece a franja — aquela mesma em que se mantém a investigação de um Bachofen — dos matriarcados, estes por toda parte subjacentes à cultura antiga.

Aproximaremos desse fato o momento crítico que Bergson definiu nos fundamentos da moral; sabe-se que ele faz voltar à sua função de defesa vital esse "todo da obrigação" pelo qual designa o liame que fecha o grupo humano em sua coerência, e que ele reconhece, opostamente, um impulso transcendente da vida em todo movimento que abre esse grupo ao universalizar esse liame; dupla fonte que uma análise abstrata descobre, sem dúvida voltada contra suas ilusões formalistas, mas que permanece limitada ao alcance da abstração. Ora, se, através da experiência, o psicanalista assim como o sociólogo podem reconhecer na interdição da mãe a forma concreta da obrigação primordial, da mesma maneira eles podem demonstrar um processo real da "abertura" do liame social na autoridade paternalista e dizer que, através do conflito funcional do Édipo, ela introduz na repressão um ideal de promessa.

Se eles se referem aos ritos de sacrifício mediante os quais as culturas primitivas, mesmo as que atingiram uma concentração social elevada, realizam com o mais cruel rigor — vítimas humanas desmembradas ou enterradas vivas — as fantasias da relação primordial com a mãe, eles lerão, em vários mitos, que ao advento da autoridade paterna corresponde um temperamento da primitiva repressão social. Legível na ambigüidade mítica do sacrifício de Abraão, que, de resto, o liga formalmente à expressão de uma promessa, esse sentido não aparece menos no mito de Édipo, mesmo que não se leve em consideração o episódio da Esfinge, representação não menos ambígua da emancipação das tiranias matriarcais e do declínio do rito do assassínio régio. Qualquer que seja sua forma, todos esses mitos se situam na orla da história, muito longe do nascimento da humanidade da qual os separam a duração imemorial das culturas matriarcais e a estagnação dos grupos primitivos.

Segundo essa referência sociológica, o fato do profetismo pelo qual Bergson recorre à história, na medida em que se produziu eminentemente no povo judeu, se compreende pela situação eleita que foi criada para esse povo de ser o defensor do patriarcado entre grupos dados a cultos maternos, pela sua luta convulsiva para manter o ideal patriarcal contra a sedução irreprimível dessas culturas. Através da história dos povos patriarcais, vemos assim afirmar-se dialeticamente na sociedade as exigências da pessoa e a universalização dos ideais: o que testemunha esse progresso das formas jurídicas que eterniza a missão que a Roma Antiga viveu tanto em poder quanto em consciência, e que se realizou pela extensão já revolucionária dos privilégios morais de um patriarcado a uma plebe imensa e a todos os povos.

Nesse processo, duas funções se refletem na estrutura da própria família: a tradição, nos ideais patrícios, de formas privilegiadas do casamento; a exaltação apoteótica que o cristianismo traz às exigências da pessoa. A Igreja integrou essa tradição na moral do cristianismo, colocando em primeiro plano no laço do casamento a livre escolha da pessoa, fazendo assim a instituição familiar dar o passo decisivo para sua moderna estrutura, a saber, o secreto reviramento de sua preponderância social em benefício do casamento. Reviramento que se realiza no século XV com a revolução econômica da qual saíram a sociedade burguesa e a psicologia do homem moderno.

Com efeito, são as relações da psicologia do homem moderno com a família conjugal que se propõem ao estudo do psicanalista; esse homem é o único objeto que ele submeteu verdadeiramente à sua experiência, e se o psicanalista reencontra nele o reflexo psíquico das condições mais originais do homem, como pode ele pretender curá-lo de suas fraquezas psíquicas sem compreendê-lo na cultura que lhe impõe as mais elevadas exigências, sem compreender também sua própria posição perante esse homem no ponto extremo da atitude científica?

Ora, em nosso tempo, menos que nunca, o homem da cultura ocidental não poderia ser compreendido fora das antinomias que constituem suas relações com a natureza e com a sociedade: como, fora delas, compreender não só a angústia que ele exprime no sentimento de uma transgressão prometéica em relação às condições de sua vida, mas também as concepções mais elevadas com que vence essa angústia reconhecendo que é através de crises dialéticas que ele se cria, a si mesmo e a seus objetos.

Esse movimento subversivo e crítico no qual o homem se realiza encontra seu germe mais ativo em três condições da família conjugal.

Para encarnar a autoridade na geração mais próxima e sob uma figura familiar, a família conjugal põe essa autoridade ao alcance imediato da subversão criadora. O que traduzem, mesmo para a observação mais comum, as inversões que a criança imagina na ordem das gerações, nas quais ela própria se substitui ao pai ou ao avô.

Por outro lado, o psiquismo aí não é menos formado pela imagem do adulto do que contra sua coação: esse efeito se opera pela transmissão do ideal do eu e, mais puramente, como dissemos, de pai para filho; ele comporta uma seleção positiva das tendências e dos dons, uma realização progressiva do ideal no caráter. É a esse progresso psicológico que se deve a existência das famílias de homens eminentes, e não à pretensa hereditariedade que seria preciso reconhecer em capacidades essencialmente relacionais.

Finalmente, e sobretudo, a evidência da vida sexual nos representantes das coações morais, o exemplo singularmente transgressivo da imago do pai quanto à interdição primordial exaltam no mais alto grau a tensão da libido e o alcance da sublimação.

É para realizar mais humanamente o conflito do homem com sua angústia mais arcaica, é para oferecer-lhe o campo cerrado mais leal onde ele possa medir-se com as figuras mais profundas de seu destino, é para colocar ao alcance de sua existência individual o triunfo mais completo contra a servidão original que o complexo da família conjugal cria os êxitos superiores do caráter, da felicidade e da criação.

Dando a maior diferenciação à personalidade antes do período de latência, o complexo traz aos confrontos sociais desse período sua máxima eficácia para a formação racional do indivíduo. Com efeito, pode-se considerar que a ação educativa nesse período reproduz, numa realidade mais lastrada e sob as sublimações superiores da lógica e da justiça, o jogo das equivalências narcísicas no qual nasceu o mundo dos objetos. Quanto mais diversas e mais ricas forem as realidades inconscientemente integradas na experiência familiar, mais formador será para a razão o trabalho de sua redução.

Desse modo, portanto, se a psicanálise manifesta nas condições morais da criação um fermento revolucionário que só pode ser apreendido numa análise concreta, ela reconhece, para produzi-lo, na estrutura familiar, um poder que ultrapassa qualquer racionalização educativa. Esse fato merece ser proposto aos teóricos — qualquer que seja o lado a que pertençam — de uma educação social com pretensões totalitárias, a fim de que cada um tire suas conclusões segundo seus desejos.

O papel da imago do pai se deixa perceber de maneira surpreendente na formação da maioria dos grandes homens. Sua irradiação literária e moral na era clássica do progresso, de Corneille a Proudhon, merece ser ressaltada; e os ideólogos que, no século XIX, dirigiram contra a família paternalista as críticas mais subversivas, não são os que menos carregam sua marca.

Não somos daqueles que se afligem com um pretenso afrouxamento do liame familiar. Não será significativo que a família tenha se reduzido a seu agrupamento biológico à medida que integrava os mais elevados progressos culturais? Mas um grande número de efeitos psicológicos nos parecem depender de um declínio social da imago paterna. Declínio condicionado pelo retorno de efeitos extremos do progresso social no indivíduo, declínio que se marca sobretudo, em nossos dias, nas coletividades que mais sofreram esses efeitos: concentração econômica, catástrofes políticas. O fato não chegou a ser formulado por um chefe de Estado totalitário como argumento contra a educação tradicional? Declínio mais intimamente ligado à dialética da família conjugal, já que se opera pelo crescimento relativo, muito sensível, por exemplo, na vida americana, das exigências matrimoniais.

Qualquer que seja seu futuro, esse declínio constitui uma crise psicológica. Talvez seja a essa crise que se deve relacionar o aparecimento da própria psicanálise. Apenas o sublime acaso do gênio talvez não explique que tenha sido em Viena — então centro de um Estado que era o *meltingpot* das formas familiares mais diversas, das mais arcaicas às mais evoluídas, dos últimos agrupamentos agnáticos dos camponeses eslavos às formas mais reduzidas do lar pequeno-burguês e às formas mais decadentes do casal instável, passando pelos paternalismos feudais e mercantis — que um filho do patriarcado judeu tenha imaginado o complexo de Édipo. Seja como for, são as formas de neuroses dominantes no final do último século que revelaram que elas estavam intimamente dependentes das condições da família.

Essas neuroses, desde o tempo das primeiras adivinhações freudianas, parecem ter evoluído no sentido de um complexo caracterial no qual, tanto pela especificidade de sua forma quanto por sua generalização — ele é o núcleo do maior número de neuroses —, pode-se reconhecer a grande neurose contemporânea. Nossa experiência nos leva a designar sua determinação principal na personalidade do pai, sempre carente de alguma forma, ausente, humilhada, dividida ou postiça. É essa carência que, de acordo com nossa concepção do Édipo, vem não só exaurir o impulso instintivo como também prejudicar a dialética das sublimações. Madrinhas sinistras instaladas no berço do neurótico, a impotência e a utopia encerram sua ambição, seja porque ele sufoque em si as criações que o mundo para o qual ele vem espera, seja porque ele desconheça seu próprio movimento no objeto que ele propõe para sua revolta.

2

Os complexos familiares em patologia

Os complexos familiares preenchem, nas psicoses, uma função formal: temas familiares que prevalecem nos delírios por sua conformidade com a estagnação que as psicoses constituem no eu e na realidade; nas neuroses, os complexos preenchem uma função causal: incidências e constelações familiares que determinam os sintomas e as estruturas segundo os quais as neuroses dividem, introvertem ou invertem a personalidade. Tais são, em algumas palavras, as teses que são desenvolvidas neste capítulo.

É evidente que, qualificando de familiares a forma de uma psicose ou a fonte de uma neurose, entendemos esse termo no sentido estrito de relação social que este estudo se empenha em definir e, ao mesmo tempo, justificar por sua fecundidade objetiva: assim, o que depende apenas da transmissão biológica deve ser designado como "hereditário" e não como "familiar", no sentido estrito deste termo, mesmo se se tratar de uma afecção psíquica, e isso apesar do uso corrente no vocabulário neurológico.

I. As psicoses de tema familiar

É com esta preocupação de objetividade psicológica que estudamos as psicoses quando, entre os primeiros na França, dedicamo-nos a compreendê-las em sua relação com a personalidade*, ponto de vista a que nos levava a noção, a partir daí cada vez mais reconhecida, de o todo do psiquismo estar interessado na lesão ou no déficit de algum elemento de seus aparelhos ou de suas funções. Essa noção, que os distúrbios psíquicos causados por lesões localizáveis demonstravam, parecia-nos ainda mais aplicável às produções mentais e às reações sociais das psicoses, a saber, a esses delírios e a essas pulsões que, embora consideradas como parciais, evocavam, no entanto, por sua tipicidade, a coerência de um eu arcaico e, em sua própria discordância, deviam trair sua lei interna.

Lembremo-nos apenas de que essas afecções correspondem ao quadro vulgar da loucura para conceber que não podia se tratar para nós de definir aí uma verdadeira personalidade, a qual implica a comunicação do pensamento e a responsabilidade da conduta. Uma psicose, certamente, que isolamos com o nome de paranóia de autopunição, não exclui a existência de semelhante personalidade, que é constituída não apenas pelas relações do eu, mas do supereu e do ideal do eu, mas o supereu lhe impõe seus efeitos punitivos mais extremos, e o ideal do eu nela se afirma numa objetivação ambígua, propícia às projeções reiteradas; o fato de haver mostrado a originalidade

* J. Lacan se refere à sua tese de doutorado em medicina, *De la psychose paranoiaque dans ses rapports avec la personnalité,* publicada pela primeira vez por *Le François,* em 1932, Paris, e reeditada pela Seuil, em 1975, Paris. (N. do T.)

dessa forma, ao mesmo tempo que definido por sua posição uma fronteira nosológica, é um resultado que, por mais limitado que seja, fica como um crédito do ponto de vista que dirigia nosso esforço.

O progresso de nossa pesquisa devia nos fazer reconhecer, nas formas mentais que as psicoses constituem, a reconstituição de estádios do eu, anteriores à personalidade; se, com efeito, caracterizarmos cada um desses estádios pelo estádio do objeto que lhe é correlativo, toda a gênese normal do objeto na relação especular do sujeito com o outro, ou como pertinência subjetiva do corpo despedaçado, se reencontra, numa série de formas de estagnação, nos objetos do delírio.

É notável que esses objetos manifestam os caracteres constitutivos primordiais do conhecimento humano: identidade formal, equivalência afetiva, reprodução iterativa e simbolismo antropomórfico, sob formas coaguladas, certamente, mas acentuadas pela ausência ou pelo apagamento das integrações secundárias, que são para o objeto sua movência e sua individualidade, sua relatividade e sua realidade.

O limite da realidade do objeto na psicose, o ponto de reversão da sublimação nos parece dado precisamente por esse momento que marca para nós a aura da realização edipiana, a saber, essa ereção do objeto que se produz, segundo nossa fórmula, na luz do espanto. É esse momento que essa fase reproduz, que consideramos constante e designamos como fase fecunda do delírio: fase em que os objetos, transformados por uma estranheza inefável, se revelam como choques, enigmas, significações. É nessa reprodução que o conformismo se desmorona, superficialmente assumido, mediante o qual o sujeito mascarava até então o narcisismo de sua relação com a realidade.

Esse narcisismo se traduz na forma do objeto. Esta pode se produzir progressivamente na crise reveladora, como o objeto edipiano se reduz numa estrutura de narcisismo secundário — mas aqui o objeto permanece irredutível a qualquer equivalência e o preço de sua posse, sua virtude de prejuízo prevalecerão sobre toda possibilidade de compensação ou de compromisso: é o delírio de reivindicação. Ou, então, a forma do objeto pode permanecer suspensa no ápice da crise, como se a imago do ideal edipiano se fixasse no momento de sua transfiguração — mas aqui a imago não se subjetiva por identificação ao duplo, e o ideal do eu se projeta iterativamente em objetos de exemplos, por certo, mas cuja ação é inteiramente externa, na verdade reproches vivos cuja censura tende à vigilância onipresente: é o delírio sensitivo de relações. Finalmente, o objeto pode reencontrar, aquém da crise, a estrutura de narcisismo primário na qual sua formação se deteve.

Pode-se ver neste último caso o supereu, que não sofreu o recalcamento, não apenas se traduzir no sujeito em intenção repressiva, mas ainda surgir aí como objeto apreendido pelo eu, refletido sob os traços decompostos de suas incidências formadoras e, à mercê das ameaças reais ou das intrusões imaginárias, representado pelo adulto castrador ou pelo irmão penetrador: é a síndrome da perseguição interpretativa, com seu objeto de sentido homossexual latente.

Num grau a mais, o eu arcaico manifesta sua desagregação no sentimento de ser espiado, adivinhado, desvelado, sentimento fundamental da psicose alucinatória, e o duplo com o qual ele se identificava se opõe ao sujeito, seja como eco do pensamento e dos atos nas formas auditivas verbais da alucinação, cujos conteúdos autodifamadores marcam a afinidade evolutiva com a repressão moral, seja como fantasma especular do corpo em certas formas de alucinação visual, cujas reações-suicidas revelam a coerência arcaica com o masoquismo primordial. Por fim, é a estrutura fundamentalmente antropomórfica e organomórfica do objeto que vem à luz na participação megalomaníaca, na qual o sujeito, na parafrenia, incorpora o mundo a seu eu, afirmando que ele inclui o Todo, que seu corpo se compõe das matérias mais preciosas, que sua vida e suas funções sustentam a ordem e a existência do Universo.

Os complexos familiares desempenham um notável papel no eu, nesses diversos estádios em que a psicose o detém, seja como motivos das reações do sujeito, seja como temas de seu delírio. Pode-se até mesmo ordenar sob esses dois registros a integração desses complexos no eu segundo a série regressiva que acabamos de estabelecer para as formas do objeto nas psicoses.

As reações mórbidas, nas psicoses, são provocadas pelos objetos familiares em função decrescente da realidade destes objetos em benefício de seu alcance imaginário: podemos medi-lo partindo dos conflitos que eletivamente colocam o reinvidicador às voltas com o círculo de sua família ou com seu cônjuge — passando pela significação de substitutos do pai, do irmão ou da irmã que o observador reconhece nos perseguidores do paranóico — para chegar a essas filiações secretas de romance, a essas genealogias de Trindades ou de Olimpos fantásticos, onde atuam os mitos do parafrênico. O objeto constituído pela relação familiar mostra, assim, uma alteração progressiva: em seu valor afetivo, quando ele se reduz a ser apenas pretexto para a exaltação passional, depois em sua individualidade quando ele é desconhecido em sua reiteração delirante, enfim, em sua própria identidade, quando não mais o reconhecemos no sujeito a não ser como uma entidade que escapa ao princípio de contradição.

Quanto ao tema familiar, seu alcance expressivo da consciência delirante mostra-se como função, na série das psicoses, de uma crescente identificação do eu com um objeto familiar, à custa da distância que o sujeito mantém entre ele e sua convicção delirante: podemos medi-lo, se partirmos da contingência relativa, no mundo do reivindicador, das queixas que ele alega contra os seus — passando pelo alcance cada vez mais existencial que tomam os temas de espoliação, de usurpação, de filiação, na concepção que o paranóico tem de si — para chegar até essas identificações com algum herdeiro arrancado de seu berço, com a esposa secreta de algum príncipe, com as personagens míticas de Pai todo-poderoso, de Vítima filial, de Mãe universal, de Virgem primordial, nas quais o eu do parafrênico se afirma.

Essa afirmação do eu torna-se, de resto, mais incerta à medida que, assim, ela se integra mais ao tema delirante: de uma estenia notavelmente comunicativa na reivindicação, ela se reduz, de maneira inteiramente surpreendente, a uma intenção demonstrativa nas reações e nas interpretações do paranóico, para se perder, no parafrênico, numa discordância desconcertante entre a crença e a conduta.

Assim, dependendo de as reações serem mais relativas às fantasias e de o tema do delírio se objetivar mais, o eu tende a se confundir com a expressão do complexo e o complexo a se exprimir na intencionalidade do eu. Os psicanalistas dizem, pois, comumente, que nas psicoses os complexos são conscientes, ao passo que são inconscientes nas neuroses. Isto não é nada rigoroso, pois, por exemplo, o sentido homossexual das tendências na psicose é desconhecido pelo sujeito, ainda que traduzido em intenção persecutória. Mas a fórmula aproximativa permite que nos espantemos com o fato de que tenha sido nas neuroses, onde eles estão latentes, que os complexos tenham sido descobertos, antes de serem reconhecidos nas psicoses, onde são patentes. É que os temas familiares que isolamos nas psicoses são apenas efeitos virtuais e estáticos de sua estrutura, das representações em que o eu se estabiliza; portanto, eles só apresentam a morfologia do complexo sem revelar sua organização, nem, conseqüentemente a hierarquia de seus caracteres.

Daí o evidente artifício que marcava a classificação das psicoses pelos temas delirantes, e o descrédito em que caíra o estudo desses temas, antes que os psiquiatras fossem a eles reconduzidos por este impulso em direção ao concreto dado pela psicanálise. Foi assim que alguns, que se acreditaram menos afetados por essa influência, renovaram o alcance clínico de certos temas, como a erotomania ou o delírio de filiação, transferindo a atenção do conjunto para os detalhes de seu romanceamento, para nele descobrir os caracteres de uma estrutura. Mas apenas o conhecimento dos complexos pode trazer para uma pesquisa como esta, com uma direção sistemática, uma segurança e um avanço que ultrapassam em muito os meios da pura observação.

Tomemos, por exemplo, a estrutura do tema dos interpretadores filiais, tal como Sérieux e Capgras a definiram como entidade nosológica. Caracterizando-a pela força da privação afetiva, manifesta na freqüente ilegitimidade do sujeito, e por uma formação mental do tipo do "romance de grandeza" de surgimento normal entre oito e 13 anos, seus autores reunirão a fábula, amadurecida desde essa idade, da troca de crianças, fábula através da qual determinada solteirona do vilarejo se identifica com alguma outra mais favorecida, e as pretensões, cuja justificativa parece equivalente, de algum "falso delfim". Mas que este pense apoiar seus direitos mediante a descrição minuciosa de uma máquina de aparência animal, no ventre da qual teria sido preciso escondê-lo para realizar o rapto inicial (história de Richemont e de seu "cavalo extraordinário", citada por esses autores), de nossa parte acreditamos que essa fantasia, que se pode certamente considerar como superfetatória e colocar por conta da debilidade mental, revela, tanto por seu simbolismo de gestação quanto pelo lugar que o sujeito lhe reserva em seu delírio, uma estrutura mais arcaica de sua psicose.

Resta estabelecer se os complexos que desempenham esses papéis de motivação e de tema nos sintomas da psicose também têm um papel de causa em seu determinismo; e essa questão é obscura.

Quanto a nós, se quisermos compreender esses sintomas através de uma psicogênese, estamos longe de ter pensado com isso reduzir o determinismo da doença. Muito pelo contrário, demonstrando que a fase fecunda da paranóia comporta um estado hiponóico: confusional, onírico ou crepuscular —, ressaltamos a necessidade de alguma base orgânica para a subdução mental em que o sujeito se inicia no delírio.

Ainda em outro trabalho, indicamos que é em alguma tara biológica da libido que é preciso procurar a causa dessa estagnação da sublimação, na qual vemos a essência da psicose. Vale dizer que acreditamos num determinismo endógeno da psicose e que quisemos apenas fazer justiça a essas lastimáveis patogenias que não poderiam, atualmente, nem mesmo passar por representar alguma gênese "orgânica": por um lado, a redução da doença a algum fenômeno mental, supostamente automático, que, como tal, não poderia corresponder à organização perceptiva, quer dizer, ao nível de crença depreendido nos sintomas realmente elementares da interpretação e da alucinação; por outro lado, a preformação da doença em traços pretensamente constitucionais do caráter, os quais se desvanecem quando se submete a pesquisa sobre os antecedentes às exigências da definição dos termos e da crítica do testemunho.

Se alguma tara é detectada no psiquismo antes da psicose, devemos pressenti-la nas próprias fontes da vitalidade do sujeito, da maneira mais radical, mas também no mais secreto de seus impulsos e de suas aversões, e acreditamos dela reconhecer um sinal singular no dilaceramento inefável que esses sujeitos acusam espontaneamente por terem marcado suas primeiras efusões genitais na puberdade.

Aproximar essa tara hipotética dos fatos antigamente agrupados sob a rubrica da degenerescência ou das noções mais recentes sobre as perversões biológicas da sexualidade é entrar nos problemas da hereditariedade psicológica. Limitamo-nos aqui ao exame dos fatores propriamente familiares.

A simples clínica mostra em muitos casos a correlação de uma anomalia da situação familiar. A psicanálise, por outro lado, seja pela interpretação dos dados clínicos, seja por uma exploração do sujeito que, por não poder ser aqui curativa, deve permanecer prudente, mostra que o ideal do eu formou-se na maioria das vezes em virtude dessa situação, segundo o objeto do irmão. Esse objeto, transportando a libido destinada ao Édipo sobre a imago da homossexualidade primitiva, fornece um ideal narcísico demais para não abastardar a estrutura da sublimação. Além disso, uma disposição "em redoma" do grupo familiar tende a intensificar os efeitos de somação, característicos da transmissão do ideal do eu, como indicamos em nossa análise do Édipo; mas enquanto ele se exerce lá normalmente num sentido seletivo, esses efeitos atuam aqui num sentido degenerativo.

Se o aborto da realidade nas psicoses se deve, em última instância, a uma deficiência biológica da libido, ele também revela uma derivação da sublimação na qual o papel do complexo familiar é corroborado pelo concurso de inúmeros fatos clínicos.

Com efeito, é preciso notar essas anomalias da personalidade cuja constância no parentesco do paranóico é sancionada pela denominação familiar de "ninhos de paranóicos" que os psiquiatras aplicam a esses meios; a freqüência da transmissão da paranóia em linha familiar direta, muitas vezes com agravamento de sua forma para a parafrenia e precessão temporal, relativa ou mesmo absoluta, de seu aparecimento no descendente; por fim, a eletividade quase exclusivamente familiar dos casos de delírio a dois, bem evidenciada nas antigas coleções, como a de Legrand du Saulle em sua obra sobre o "delírio de perseguição", na qual a amplitude da escolha compensa a falha da sistematização pela ausência de parcialidade.

Para nós, é nos casos de delírio a dois que acreditamos poder apreender melhor as condições psicológicas que podem desempenhar um papel determinante na psicose. Fora os casos em que o delírio emana de um parente acometido por algum distúrbio mental que o coloca na postura de tirano doméstico, temos constantemente encontrado esses delírios num grupo familiar que chamamos de descompletado, no qual o isolamento social a que é propício comporta seu efeito máximo, a saber, no "casal psicológico" formado por uma mãe e uma filha ou por duas irmãs (ver nosso estudo sobre as irmãs Papin)*, mais raramente por uma mãe e um filho.

---

* Publicado juntamente com a tese de Lacan. Ver nota à página 66. (N. do T.)

II. As neuroses familiares

Os complexos familiares se revelam nas neuroses por uma abordagem inteiramente diferente: isso porque nelas os sintomas não manifestam qualquer relação, a não ser contingente, com nenhum objeto familiar. Os complexos aí preenchem, no entanto, uma função causal cuja realidade e dinamismo se opõem diametralmente ao papel que os temas familiares desempenham nas psicoses.

Se Freud, pela descoberta dos complexos, constituiu uma obra revolucionária, foi porque enquanto terapeuta, mais preocupado com o doente do que com a doença, procurou compreendê-lo para curá-lo e prendeu-se ao que se costumava negligenciar sob o título de "conteúdo" dos sintomas, e que é o aspecto mais concreto de sua realidade: a saber, o objeto que provoca uma fobia, o aparelho ou a função somática interessados numa histeria, a representação ou o afeto que ocupam o sujeito numa obsessão.

Foi dessa maneira que ele veio a decifrar nesse mesmo conteúdo as causas desses sintomas: ainda que essas causas, com o progresso da experiência, tenham se mostrado mais complexas, o que importa não é de modo algum reduzi-las à abstração, mas aprofundar esse sentido dramático que, em sua primeira fórmula, se prendia como uma resposta à inspiração de sua procura.

Freud apontou inicialmente, na origem dos sintomas, uma sedução sexual que o sujeito sofreu precocemente através de manobras mais ou menos perversas, ou então uma cena que, na sua primeira infância, o iniciou pelo espetáculo ou pela audição nas relações sexuais dos adultos. Ora, se por um lado esses fatos se revelavam como traumáticos por desviar a sexualidade para tendências anormais, eles demonstravam ao mesmo tempo como próprios à primeira infância uma evolução regular dessas diversas tendências e sua normal satisfação por via auto-erótica. É por isso que, se por outro lado esses traumatismos se mostravam como o fato mais comum, seja por iniciativa de um irmão, seja por inadvertência dos pais, a participação da criança revelou-se cada vez mais ativa à medida que se afirmavam a sexualidade infantil e seus motivos de prazer ou de investigação. A partir daí, essas tendências aparecem formadas em complexos típicos pela estrutura normal da família que lhes oferecia seus primeiros objetos. É desse modo que nenhum fato, mais do que o nascimento de um irmão, precipita tal formação, exaltando por seu enigma a curiosidade da criança, reativando as emoções primordiais de sua ligação com a mãe pelos sinais de sua gravidez e pelo espetáculo dos cuidados que ela dá ao recém-nascido, cristalizando enfim, na presença do pai junto a ela, o que a criança adivinha do mistério da sexualidade, o que ela sente de seus impulsos precoces e o que ela teme das ameaças que lhe proíbem a satisfação masturbatória. Tal é, ao menos, definida por seu grupo e por seu momento, a constelação familiar que, para Freud, forma o *complexo nodal das neuroses.* Ele extraiu daí o complexo de Édipo e nós veremos melhor mais adiante como essa origem comanda a concepção que ele formou desse complexo.

Concluamos aqui que uma dupla instância de causas é definida pelo complexo: os traumatismos precitados que recebem seu alcance de sua incidência na evolução do complexo, as relações do grupo familiar que podem determinar atipias em sua constituição. Se a prática das neuroses manifesta, na verdade, a freqüência das anomalias da situação familiar, é preciso, para definir seu efeito, retornar à produção do sintoma.

As impressões provenientes do traumatismo pareceram, numa primeira abordagem, determinar o sintoma por uma relação simples: uma parte diversa de sua lembrança, se não sua forma representativa, pelo menos suas correlações afetivas, foi, não esquecida, mas recalcada no inconsciente, e o sintoma, ainda que sua produção tome caminhos não menos diversos, deixava-se reduzir a uma função de expressão do recalcado, o qual manifestava desse modo sua permanência no psiquismo. Com efeito, a origem do sintoma era compreendida não apenas mediante uma interpretação segundo uma chave que — entre outros, simbolismo, deslocamento etc. — convinha à sua forma, mas o sintoma cedia à medida que essa compreensão era comunicada ao sujeito. Que a cura do sintoma se prendia ao fato de que fora trazida de volta à consciência a impressão de sua origem, ao mesmo tempo que se demonstrava ao sujeito a irracionalidade de sua forma — tal indução reencontrava no espírito os caminhos abertos pela idéia socrática de que o homem se dá a conhecer através das intuições da razão. Mas foi necessário corrigir, cada vez mais rigorosamente, tanto a simplicidade quanto o otimismo dessa concepção, desde que a experiência demonstrou que uma *resistência* é oposta pelo sujeito à elucidação do sintoma e que uma *transferência* afetiva, que tem por objeto o analista, é a força que vem prevalecer na cura.

Permanece, no entanto, dessa etapa, a noção de que o sintoma neurótico representa no sujeito um momento de sua experiência em que ele não sabe se reconhecer, uma forma de divisão da personalidade. Mas, à medida que a análise apreendeu mais de perto a produção do sintoma, sua compreensão recuou da clara função de expressão do inconsciente para uma função mais obscura de defesa contra a angústia. Essa angústia, Freud considera, em seus pontos de vista mais recentes, como o sinal que, por estar destacado de uma situação primordial de separação, desperta diante da similitude de um perigo de castração. A defesa do sujeito, se é verdade que o sintoma fragmenta a personalidade, consistiria, pois, em levar em conta esse perigo proibindo-se tal acesso à realidade, sob uma forma simbólica ou sublimada. A forma que se reconhece nessa concepção do sintoma não deixa, em princípio, mais resíduo que seu conteúdo ao ser compreendida por uma dinâmica das tendências, mas ela tende a transformar em termos de estrutura a referência do sintoma ao sujeito, deslocando o interesse para a função do sintoma quanto às relações com a realidade.

Os efeitos de proibição de que se trata constituem relações que, por serem inacessíveis ao controle consciente e se manifestarem somente em negativo no comportamento, revelam claramente sua forma intencional à luz da psicanálise; mostrando a unidade de uma organização, desde o aparente acaso dos impedimentos das funções e a fatalidade das "sinas" que fazem com que a ação fracasse, até à coação, própria à espécie, do sentimento de culpa. A psicologia clássica se enganava, portanto, acreditando que o eu, a saber, esse objeto no qual o sujeito se reflete como coordenado à realidade que ele reconhece como exterior a si mesmo, compreende a totalidade das relações que determinam o psiquismo do sujeito. Erro correlativo a um impasse na teoria do conhecimento e ao fracasso, acima evocado, de uma concepção moral.

Freud concebe o eu, em conformidade com essa psicologia que ele qualifica de racionalista, como o sistema das relações psíquicas segundo o qual o sujeito subordina a realidade à percepção consciente; devido ao quê ele deve lhe opor inicialmente, sob o termo de supereu, o sistema, definido há pouco, das proibições inconscientes. Mas parece-nos importante equilibrar teoricamente esse sistema unindo-o ao das projeções ideais que, das imagens de grandeza da "louca da casa"* às fantasias que polarizam o desejo sexual e à ilusão individual da vontade de poder, manifesta nas formas imaginárias do eu uma condição não menos estrutural da realidade humana. Se esse sistema é muito mal definido por um uso do termo "ideal do eu", que ainda se confunde com o supereu, basta, no entanto, para apreender sua originalidade, indicar que ele constitui como segredo da consciência a própria apreensão que tem o analista do mistério do inconsciente; mas é precisamente por ser demasiado imanente à experiência que ele deve ser, enfim, isolado pela doutrina: é para isso que esta exposição contribui.

Se as instâncias psíquicas que escapam ao eu aparecem inicialmente como o efeito do recalcamento da sexualidade na infância, sua formação se revela, na experiência, cada vez mais vizinha, quanto ao tempo e à estrutura, da situação de separação que a análise da angústia faz reconhecer como primordial e que é a do nascimento.

A referência de tais efeitos psíquicos a uma situação tão original não ocorre sem obscuridade. Parece-nos que nossa concepção do estádio do espelho pode contribuir para esclarecê-la: ela estende o traumatismo suposto desta situação a todo um estádio de despedaçamento funcional, determinado pelo especial inacabamento do sistema nervoso; ela reconhece, desde esse estádio, a intencionalização dessa situação em duas manifestações psíquicas do sujeito: a assunção do dilacera-

---

* *Folle du logis,* em francês, que era como Malebranche designava a imaginação. (N. do T.)

mento original sob o jogo que consiste em rejeitar o objeto, e a afirmação da unidade do corpo próprio sob a identificação à imagem especular. Existe aí um nó fenomenológico que, manifestando sob sua forma original essas propriedades inerentes ao sujeito humano de mimicar sua mutilação e de ver-se como outro que ele não é, faz com que sua razão essencial seja também apreendida nas servidões, próprias à vida do homem, de ultrapassar uma ameaça específica e de dever sua salvação ao interesse de seu congênere.

Com efeito, é a partir de uma identificação ambivalente com seu semelhante que, através da participação ciumenta e da concorrência simpática, o eu se diferencia, num progresso comum, do outro e do objeto. A realidade que esse jogo dialético inaugura guardará a deformação estrutural do drama existencial que a condiciona e que se pode chamar o drama do indivíduo, com a ênfase que este termo recebe da idéia da prematuração específica.

Mas essa estrutura só se diferencia plenamente ali onde foi reconhecida de início, no conflito da sexualidade infantil, o que se concebe pelo fato de que só então ela realiza sua função quanto à espécie: assegurando a correção psíquica da prematuração sexual, o supereu, pelo recalcamento do objeto biologicamente inadequado que sua primeira maturação propõe ao desejo, o ideal do eu, pela identificação imaginária que orientará a escolha para o objeto biologicamente adequado à maturação puberal.

Momento que é sancionado pelo acabamento consecutivo da síntese específica do eu na idade dita da razão; como personalidade, pelo advento dos caracteres de compreensibilidade e de responsabilidade, como consciência individual, por uma certa viragem que o sujeito opera, da nostalgia da mãe à afirmação mental de sua autonomia. Momento que é marcado, sobretudo, por esse *passo afetivo* na realidade que está ligado à integração da sexualidade no sujeito. Existe aí um segundo nó do drama existencial que o complexo de Édipo inicia ao mesmo tempo que desfaz o primeiro. As sociedades primitivas, que trazem uma regulação mais positiva à sexualidade do indivíduo, manifestam o sentido dessa integração irracional na função iniciática do totem, na medida em que o indivíduo nele identifica sua essência vital e o assimila a si ritualmente: o sentido do totem, reduzido por Freud ao do Édipo, nos parece antes equivaler a uma de suas funções: a do ideal do eu.

Tendo assim mantido nosso propósito de relacionar a seu alcance concreto — ou seja, existencial — os termos mais abstratos que a análise das neuroses elaborou, podemos agora definir melhor o papel da família na gênese dessas afecções. Ele está na dependência do duplo encargo do complexo de Édipo: por sua incidência ocasional no progresso narcísico, ele interessa o acabamento estrutural do eu; pelas imagens que introduz nessa estrutura, ele determina uma certa animação afetiva da realidade. A regulação desses efeitos se concentra no complexo à medida que se racionalizam as formas de comunhão social em nossa cultura, racionalização que ele determina reciprocamente humanizando o ideal do eu. Por outro lado, o desregramento desses efeitos surge em virtude das crescentes exigências que essa própria cultura impõe ao eu quanto à coerência e ao impulso criador.

Ora, as eventualidades e os caprichos dessa regulação aumentam à medida que o mesmo progresso social, fazendo a família evoluir para a forma conjugal, a submete mais às variações individuais. Desse "anomia" que favoreceu a descoberta do complexo, depende a forma de degradação sob a qual os analistas o conhecem: forma que nós definiremos por um recalcamento incompleto do desejo pela mãe, com reativação da angústia e da investigação, inerentes à relação do nascimento; por um abastardamento narcísico da idealização do pai, que ressalta na identificação edipiana a ambivalência agressiva imanente à relação primordial com o semelhante. Essa forma é o efeito comum tanto das incidências traumáticas do complexo quanto da anomalia das relações entre seus objetos. Mas a essas duas ordens de causas correspondem respectivamente duas ordens de neuroses, as ditas de transferência e as ditas de caráter.

É preciso colocar de lado a mais simples dessas neuroses, ou seja, a fobia, sob a forma em que é observada mais freqüentemente na criança: a que tem por objeto o animal.

Ela não é senão uma forma substitutiva da degradação do Édipo, na medida em que o animal grande nela representa imediatamente a mãe como gestante, o pai como ameaçador, o irmão mais novo como intruso. Mas ela merece uma observação, porque nela o indivíduo reencontra, para sua defesa contra a angústia, a própria forma do ideal do eu que reconhecemos no totem e através da qual as sociedades primitivas asseguram à formação sexual do sujeito um conforto menos frágil. O neurótico, no entanto, não segue o rastro de nenhuma "lembrança hereditária", mas apenas a impressão imediata e não sem profunda razão, que o homem tem do animal como modelo da relação natural.

São as incidências ocasionais do complexo de Édipo no progresso narcísico que determinam as outras neuroses de transferência: a histeria e a neurose obsessiva. É preciso ver seu protótipo nos acidentes que Freud, inicialmente e de maneira magistral, precisou como a origem dessas neuroses. Sua ação manifesta que a sexualidade, como todo o desenvolvimento psíquico do homem, está sujeita à lei de comunicação que o especifica. Sedução ou revelação, esses acidentes desempenham seu papel na medida em que o sujeito, como que surpreendido precocemente por eles em algum processo de seu "recolamento" narcísico, os compõe aí pela identificação. Esse processo, tendência ou forma, segundo a vertente existencial do sujeito que ele interessa — assunção da separação ou afirmação de sua identidade —, será erotizado em sadomasoquismo ou em escoptofilia (desejo de ver ou de ser visto). Como tal, ele tenderá a sofrer o recalcamento correlativo da maturação normal da sexualidade, e arrastará aí uma parte da estrutura narcísica. Essa estrutura faltará na síntese do eu e o retorno do recalcado corresponde ao esforço constitutivo do eu para se unificar. O sintoma exprime simultaneamente essa falta e esse esforço, ou antes, sua composição na necessidade primordial de fugir da angústia.

Mostrando assim a gênese da divisão que introduz o sintoma na personalidade, após ter revelado as tendências que ele representa, a interpretação freudiana, unindo-se à análise clínica de Janet, ultrapassa-a numa compreensão dramática da neurose, como luta específica contra a angústia.

O sintoma histérico, que é uma desintegração de uma função somaticamente localizada: paralisia, anestesia, algia, inibição, escotomização, toma seu sentido do *simbolismo organomórfico* — estrutura fundamental do psiquismo humano segundo Freud, que manifesta por uma espécie de mutilação o recalcamento da satisfação genital.

Esse simbolismo, por ser essa estrutura mental aquela através da qual o objeto participa das formas do corpo próprio, deve ser concebido como a forma específica dos dados psíquicos do estádio do corpo despedaçado; por outro lado, certos fenômenos motores característicos do estádio do desenvolvimento que designamos assim, se aproximam muito de certos sintomas histéricos, para que não procuremos nesse estádio a origem da famosa *complacência somática* que é preciso admitir como condição constitucional da histeria. É por um sacrifício mutilador que a angústia é aqui *ocultada*; e o esforço de restauração do eu se marca no destino da histérica por uma reprodução repetitiva do recalcado. Compreende-se assim que esses sujeitos mostrem em suas pessoas as imagens patéticas do drama existencial do homem.

Quanto ao sintoma obsessivo, no qual Janet reconheceu justamente a dissociação das condutas organizadoras do eu — apreensão obsedante, obsessão-impulsão, cerimoniais, condutas coercitivas, obsessão ruminadora, escrupulosidade, ou dúvida obsessiva —, ele toma seu sentido do *deslocamento do afeto* na representação; processo cuja descoberta também é devida a Freud.

Freud mostra, além disso, por que desvios, na repressão mesma, que o sintoma manifesta aqui sob a forma mais freqüente da culpa, vem a se compor a tendência agressiva que sofreu o deslocamento. Essa composição muito se assemelha aos efeitos da sublimação e as formas que a análise demonstra no pensamento obsessivo — isolamento do objeto, desconexão causal do fato, anulação retrospectiva do evento — se manifestam demais como a caricatura das próprias formas do conhecimento, para que não se procure a origem dessa neurose nas primeiras atividades de identificação do eu, o que muitos analistas reconhecem ao insistir num desdobramento precoce do eu nesses sujeitos; de resto, os sintomas vêm a ser tão pouco desintegrados do eu que Freud introduziu para designá-los o termo de pensamento compulsivo. São, portanto, as superestruturas da personalidade que são utilizadas aqui para *mistificar* a angústia. O esforço de restauração do eu se traduz, no destino do obsessivo, por uma procura tantalizante do sentimento de sua unidade. E compreende-se a razão pela qual estes sujeitos, distinguidos freqüentemente por faculdades especulativas, mostram em muitos de seus sintomas o reflexo ingênuo dos problemas existenciais do homem.

Vemos; portanto, que é a incidência do traumatismo no progresso narcísico que determina a forma do sintoma com seu conteúdo. Certamente, por ser exógeno, o traumatismo interessará ao menos passageiramente a vertente passiva antes da vertente ativa desse progresso, e toda divisão da identificação consciente do eu parece implicar a base de um despedaçamento funcional: o que é confirmado, com efeito, pelo embasamento histérico que a análise encontra cada vez que se pode reconstituir a evolução arcaica de uma neurose obsessiva. Mas uma vez que os primeiros efeitos do traumatismo escavaram seu leito segundo uma das vertentes do drama existencial: assunção da separação ou identificação do eu, o tipo da neurose vai se revelando.

Essa concepção não tem somente a vantagem de incitar a apreender de modo mais geral o desenvolvimento da neurose, recuando um pouco a recorrência aos dados da constituição onde sempre descansamos rápido demais: ela dá conta do caráter essencialmente individual das determinações da afecção. Se as neuroses mostram, com efeito, pela natureza das complicações que o sujeito manifesta na idade adulta (por adaptação secundária a sua forma e também por defesa secundária contra o próprio sintoma, enquanto portador do recalcado), uma variedade de formas tal que seu catálogo ainda está para ser feito, após mais de um terço de século de análise — a mesma variedade se observa em suas causas. É preciso ler os relatos de curas analíticas e especialmente os admiráveis casos publicados por Freud para compreender que gama infinita de eventos podem inscrever seus efeitos numa neurose, como traumatismo inicial ou como ocasiões de sua reativação — com que sutileza os desvios do complexo edipiano são utilizados pela incidência sexual: a ternura excessiva de um dos pais ou uma severidade inoportuna podem desempenhar o papel de sedução, como o temor despertado pela perda do objeto parental ou uma queda de prestígio que atinja sua imagem podem ser experiências reveladoras. Nenhuma atipia do complexo pode ser definida por efeitos constantes. No máximo, pode-se notar globalmente um componente homossexual nas tendências recalcadas pela histeria e a marca geral da ambivalência agressiva em relação ao pai na neurose obsessiva; de resto, aí estão formas manifestas da subversão narcísica que caracteriza as tendências determinantes das neuroses.

É também em função do progresso narcísico que é preciso conceber a importância tão constante do nascimento de um irmão: pois, se o movimento compreensivo da análise exprime sua repercussão no sujeito sob qualquer motivo: investigação, rivalidade, agressividade, culpa, convém não considerar esses motivos como homogêneos ao que representam no adulto, e sim corrigir seu teor relembrando-se da heterogeneidade da estrutura do eu nos primeiros meses de vida; desse modo, a importância desse evento pode ser medida através de seus efeitos no processo de identificação: ele precipita na maioria das vezes a formação do eu e fixa sua estrutura a uma defesa suscetível de se manifestar em traços de caráter, de avareza ou autoscópicos. E é também como uma ameaça, intimamente sentida na identificação com o outro, que pode ser vivida a morte de um irmão.

Constataremos, após este exame, que, se a soma dos casos assim publicados pode ser colocada na ficha das causas familiares dessas neuroses, é impossível relacionar cada entidade a alguma anomalia constante das instâncias familiares. Isso é verdadeiro pelo menos para as neuroses de transferência; o silêncio sobre elas, num relato sobre as causas familiares das neuroses, apresentado no Congresso de psicanalistas franceses em 1936, é decisivo. Não é de modo algum para diminuir a importância do complexo familiar na gênese dessas neuroses, mas para fazer reconhecer seu alcance de expressões existenciais do drama do indivíduo.

As neuroses ditas de caráter, ao contrário, permitem ver certas relações constantes entre suas formas típicas e a estrutura da família na qual cresceu o sujeito. Foi a pesquisa psicanalítica que permitiu reconhecer como neurose os distúrbios do comportamento e do interesse que só se sabia relacionar à idiossincrasia do caráter; ela encontrou aí o mesmo efeito paradoxal de intenções inconscientes e de objetos imaginários que se revelou nos sintomas das neuroses clássicas; e ela constatou a mesma ação da cura psicanalítica, substituindo a noção inerte de constituição por uma concepção dinâmica, tanto na teoria quanto na prática.

O supereu e o ideal do eu são, com efeito, condições de estrutura do sujeito. Se eles manifestam em sintomas a desintegração produzida por sua interferência na gênese do eu, também podem se traduzir por um desequilíbrio de sua instância própria na personalidade: por uma variação daquilo que se poderia chamar de a fórmula pessoal do sujeito. Essa concepção pode se estender a qualquer estudo do caráter, para o qual, por ser relacional, traz uma base psicológica pura à classificação de suas variedades, ou seja, uma outra vantagem sobre a incerteza dos dados aos quais se referem as concepções constitucionais nesse campo predestinado à sua eclosão.

A neurose de caráter se traduz, pois, por entraves difusos nas atividades da pessoa, por impasses imaginários nas relações com a realidade. Ela é tanto mais pura quanto mais subjetivamente integrados ao sentimento de autonomia pessoal estiverem os entraves e impasses. O que não quer dizer que ela seja exclusiva dos sintomas de desintegração, uma vez que a encontramos cada vez mais, como fundo, nas neuroses de transferência. As relações da neurose de caráter com a estrutura familiar se devem ao papel dos objetos parentais na formação do supereu e do ideal do eu.

Todo o desenvolvimento deste estudo é para demonstrar que o complexo de Édipo supõe uma certa tipicidade nas relações psicológicas entre os pais, e insistimos especialmente no duplo papel que desempenha o pai, enquanto representa a autoridade e enquanto centro da revelação sexual; é à ambigüidade mesma de sua imago, encarnação da repressão e catalisador de um acesso essencial à realidade, que relacionamos o duplo progresso, típico de uma cultura, de certo temperamento do supereu e de uma orientação eminentemente evolutiva da personalidade.

Ora, a experiência revela que o sujeito forma seu supereu e seu ideal do eu não tanto segundo o eu do progenitor quanto segundo as instâncias homólogas de sua personalidade: o que quer dizer que, no processo de identificação que resolve o complexo edipiano, a criança é bem mais sensível às intenções, que lhe são comunicadas afetivamente pelo progenitor, que ao que se pode objetivar de seu comportamento.

Aí está o que põe no primeiro plano das causas da neurose a neurose parental e, ainda que nossas observações precedentes sobre a contingência essencial ao determinismo psicológico da neurose impliquem uma grande diversidade na forma da neurose induzida, a transmissão tenderá a ser similar, em virtude da penetração afetiva que abre o psiquismo infantil ao sentido mais escondido do comportamento parental.

Reduzida à forma global do desequilíbrio, essa transmissão é patente clinicamente, mas não é possível distingui-la do dado antropológico bruto da degenerescência. Somente a análise discerne seu mecanismo psicológico, ao mesmo tempo que relaciona certos efeitos constantes a uma atipia da situação familiar.

Uma primeira atipia se define assim em razão do conflito que o complexo de Édipo implica, especialmente nas relações do filho com o pai. A fecundidade desse conflito reside na seleção psicológica que ele assegura, fazendo da oposição de cada geração à precedente a própria condição dialética da tradição do tipo paternalista. Mas em toda ruptura dessa tensão, numa geração dada, seja em razão de alguma debilidade individual, seja por algum excesso da dominação paterna, o indivíduo cujo eu se curva receberá, além disso, o fardo de um supereu excessivo. Muitos autores fizeram considerações divergentes sobre a noção de um supereu familiar; seguramente, ela corresponde a uma intuição da realidade. Para nós, o reforço patogênico do supereu no indivíduo se faz em função de duas coisas: tanto do rigor da dominação patriarcal quanto da forma tirânica das interdições que ressurgem com a estrutura matriarcal de toda estagnação dos elos domésticos. Os ideais religiosos e seus equivalentes sociais desempenham aqui facilmente o papel de veículos dessa opressão psicológica, na medida em que são utilizados para fins exclusivistas pelo corpo familiar e reduzidos a significar as exigências do nome ou da raça.

É nessas conjunturas que se produzem os casos mais impressionantes dessas neuroses que chamamos de auto-punição pela preponderância freqüentemente unívoca que nelas assume o mecanismo psíquico desse nome; essas neuroses, que em razão da extensão muito geral desse mecanismo diferenciaríamos melhor como *neuroses de destino,* se manifestam através de toda a gama de condutas de fracasso, inibição, perda, nas quais os psicanalistas souberam reconhecer uma intenção inconsciente; a experiência analítica sugere que se estenda cada vez mais longe, e até à determinação de doenças orgânicas, os efeitos da autopunição. Eles esclarecem a reprodução de certos acidentes vitais mais ou menos graves na mesma idade em que apareceram num progenitor, certas mudanças da atividade e do caráter, vencidos prazos análogos, a idade da morte do pai, por exemplo, e toda espécie de comportamento de identificação, inclusive, sem dúvida, muitos desses casos de suicídio que colocam um problema singular de hereditariedade psicológica.

Uma segunda atipia da situação familiar se define na dimensão dos efeitos psíquicos que o Édipo assegura na medida em que preside a sublimação da sexualidade: efeitos que nos esforçamos por apreender como de uma animação imaginativa da realidade. Toda uma ordem de anomalias dos interesses está referida a ela, o que justifica para a intuição imediata o uso sistematizado na psicanálise do termo libido. Com efeito, nenhum outro a não ser a eterna entidade do desejo parece convir para designar as variações que a clínica manifesta no interesse que o sujeito dirige à realidade, no impulso que sustenta sua conquista ou sua criação. Não é menos surpreendente observar que, à medida que esse impulso se amortece, o interesse que o sujeito reflete sobre sua própria pessoa se traduz num jogo mais imaginário, quer se relacione a sua integridade física, a seu valor moral ou a sua representação social.

Essa estrutura de involução intrapsíquica, que designamos como introversão da personalidade, ressaltando que se usa este termo em sentidos um pouco diferentes, corresponde à relação do narcisismo, tal como o definimos geneticamente enquanto a forma psíquica na qual se compensa a insuficiência específica da vitalidade humana. Desse modo, um ritmo biológico regula, sem dúvida, certos distúrbios afetivos, ditos ciclotímicos, sem que sua manifestação seja separável de uma inerente expressividade de derrota e de triunfo. Da mesma forma, todas as integrações do desejo humano se fazem em formas derivadas do narcisismo primordial.

No entanto, mostramos que duas formas se distinguiam por sua função crítica nesse desenvolvimento: a do duplo e a do ideal do eu, a segunda representando o acabamento e a metamorfose da primeira. O ideal do eu, com efeito, substitui o duplo, ou seja, a imagem antecipadora da unidade do eu, no momento em que esta se acaba, pela nova antecipação da maturidade libidinal do sujeito. É por isso que toda carência da imago formadora do ideal do eu tenderá a produzir uma certa introversão da personalidade por subdução narcísica da libido. Introversão que se exprime ainda como uma estagnação mais ou menos regressiva nas relações psíquicas formadas pelo complexo do desmame — o que define essencialmente a concepção analítica da esquizonóia.

Os analistas insistiram nas causas de neuroses constituídas pelos distúrbios da libido na mãe, e a menor experiência revela, com efeito, em inúmeros casos de neurose, uma mãe frígida, da qual se apreende que a sexualidade, derivando-se nas relações com a criança, subverteu a natureza destas: a mãe que paparica e mima, por uma ternura excessiva em que se exprime mais ou menos conscientemente um impulso recalcado; ou a mãe de uma secura paradoxal e de severidade muda, por uma crueldade inconsciente na qual se traduz uma fixação bem mais profunda da libido.

Uma justa apreciação desses casos não pode evitar levar em conta uma anomalia correlativa no pai. É no círculo vicioso de desequilíbrios libidinais, que nesses casos o círculo familiar constitui, que é preciso compreender a frigidez materna para medir seus efeitos. Acreditamos que o destino psicológico da criança depende antes de mais nada da relação que as imagens parentais mostram ter entre si. É por aí que o desentendimento dos pais é sempre prejudicial à criança, e que, se nenhuma lembrança permanece mais sensível em sua memória que a confissão formulada do caráter desarmonioso de sua união, as formas mais secretas desse desentendimento não são menos perniciosas. Nenhuma conjuntura é, com efeito, mais favorável à identificação acima invocada como neurotizante do que a percepção, muito certa na criança, nas relações dos pais, do sentido neurótico das barreiras que os separam, e muito especialmente no pai, em virtude da função reveladora de sua imagem no processo de sublimação sexual.

É, portanto, à desarmonia sexual entre os pais que se deve relacionar a prevalência que o complexo do desmame manterá num desenvolvimento que ele poderá marcar de diversos modos neuróticos.

O sujeito será condenado a repetir indefinidamente o esforço de desligamento da mãe — e é aí que se encontra o sentido de todos os tipos de condutas forçadas, indo de determinadas fugas da infância aos impulsos vagabundos e às rupturas caóticas que singularizam a conduta de uma idade mais avançada; ou então, o sujeito permanece prisioneiro das imagens do complexo e submetido tanto a sua instância letal quanto a sua forma narcísica — é o caso da consumpção mais ou menos intencionalizada na qual, sob o termo de suicídio não violento, assinalamos o sentido de certas neuroses orais ou digestivas; é igualmente o caso desse investimento libidinal que, na hipocondria, as endoscopias mais singulares revelam, como a preocupação, mais compreensível mas não menos curiosa, do equilíbrio imaginário dos ganhos alimentares e das perdas excretórias. Do mesmo modo, essa estagnação psíquica pode manifestar seu corolário social numa estagnação dos liames domésticos, permanecendo os membros do grupo familiar aglutinados por suas "doenças imaginárias" em um núcleo isolado na sociedade, isto é, tão estéril para seu comércio quanto inútil para sua arquitetura.

É preciso distinguir, finalmente, uma terceira atipia da situação familiar que, interessando também a sublimação sexual, atinge eletivamente sua função mais delicada, que é de assegurar a sexualização psíquica, ou seja, uma certa relação de conformidade entre a personalidade imaginária do sujeito e seu sexo biológico: essa relação se acha invertida em níveis diversos da estrutura psíquica, inclusive a determinação psicológica de uma homossexualidade patente.

Os analistas não tiveram necessidade de cavar muito fundo os dados evidentes da clínica para incriminar ainda aqui o papel da mãe, a saber, tanto os excessos de sua ternura em relação a seu filho quanto os traços de virilidade de seu próprio caráter. É por um triplo mecanismo que, ao menos para o indivíduo do sexo masculino, se realiza a inversão: às vezes, à flor da consciência, quase sempre passível de observação, uma fixação afetiva à mãe, fixação que se acredita acarretar a exclusão de uma outra mulher; mais profunda, mas ainda penetrável, nem que seja apenas pela intuição poética, a ambivalência narcísica segundo a qual o sujeito se identifica com sua mãe e identifica o objeto do amor com sua própria imagem especular, a relação de sua mãe com ele mesmo dando a forma na qual se engrazam para sempre o modo de seu desejo e a escolha de seu objeto, desejo motivado de ternura e de educação, objeto que reproduz um momento de seu duplo; por fim, no fundo do psiquismo, a intervenção muito propriamente castradora pela qual a mãe deu vazão à sua própria reivindicação viril.

Aqui se revela bem mais claramente o papel essencial da relação entre os pais; e os analistas ressaltam como o caráter da mãe também se exprime no plano conjugal através de uma tirania doméstica, cujas formas larvares ou patentes, da reivindicação sentimental à confiscação da autoridade familiar, manifestam todas seu sentido fundamental de protesto viril, este encontrando uma expressão eminente, ao mesmo tempo simbólica, moral e material, na satisfação de "cuidar das despesas". As disposições que, no marido, asseguram regularmente uma espécie de harmonia a esse casal não fazem senão tornar manifestas as harmonias mais obscuras que fazem da carreira do casamento o lugar eleito da cultura das neuroses, após ter guiado um dos cônjuges ou os dois numa escolha adivinhatória de seu complementar, as advertências do inconsciente num sujeito correspondendo sem revezamento aos sinais pelos quais se manifesta o inconsciente do outro.

Ainda aqui uma consideração suplementar nos parece impor-se, a qual relaciona desta vez o processo familiar a suas condições culturais. Pode-se ver no fato do protesto viril da mulher a conseqüência última do complexo de Édipo. Na hierarquia dos valores que, integrados às próprias formas da realidade, constituem uma cultura, a harmonia que ele define entre os princípios masculino e feminino da vida é uma das mais características. As origens de nossa cultura estão demasiado ligadas àquilo que chamaríamos, de bom grado, de a aventura da família paternalista, para que ela não imponha, em todas as formas com que enriqueceu o desenvolvimento psíquico, uma prevalência do princípio masculino, cuja parcialidade pode ser medida pela força moral conferida ao termo virilidade.

Compreende-se que, em função do equilíbrio, fundamento de todo pensamento, essa preferência tenha um avesso: fundamentalmente é a ocultação do princípio feminino sob o ideal masculino, do qual a virgem, por seu mistério, através das épocas dessa cultura, é o signo vivo. Mas é próprio do espírito que ele desenvolva em mistificação as antinomias do ser que o constituem, e o próprio peso dessas superestruturas pode vir a derrubar sua base. Não há liame mais claro para o moralista do que aquele que une o progresso social da inversão psíquica a uma virada utópica dos ideais de uma cultura. O analista apreende a determinação desse liame nas formas de sublimidade moral, sob as quais a mãe do invertido exerce sua ação mais categoricamente emasculante.

Não é por acaso que concluímos com a inversão psíquica esta tentativa de sistematização das neuroses familiares. Se, com efeito, a psicanálise partiu das formas patentes da homossexualidade para reconhecer as discordâncias psíquicas mais sutis da inversão, é em função de uma antinomia social que é preciso compreender esse impasse imaginário da polarização sexual, quando aí se comprometem, de modo invisível, as formas de uma cultura, os costumes e as artes, a luta e o pensamento.

Campo Freudiano no Brasil

- **Os complexos familiares**
- **Escritos**
- **Estou falando com as paredes**
- **Meu ensino**
- **O mito individual do neurótico**
- **Nomes-do-Pai**
- **Outros escritos**
- **O Seminário**

  Livro 1: **Os escritos técnicos de Freud**

  Livro 2: **O eu na teoria de Freud e na técnica da psicanálise**

  Livro 3: **As psicoses**

  Livro 4: **A relação de objeto**

  Livro 5: **As formações do inconsciente**

  Livro 6: **O desejo e sua interpretação**

  Livro 7: **A ética da psicanálise**

  Livro 8: **A transferência**

  Livro 10: **A angústia**

  Livro 11: **Os quatro conceitos fundamentais da psicanálise**

  Livro 16: **De um Outro ao outro**

  Livro 17: **O avesso da psicanálise**

  Livro 18: **De um discurso que não fosse semblante**

  Livro 19: **...ou pior**

  Livro 20: **Mais, ainda**

  Livro 23: **O sinthoma**
- **Televisão**
- **O triunfo da religião**

Jacques Lacan

- **A batalha do autismo**

Éric Laurent

- **Lacan elucidado**
- **Matemas I**
- **Percurso de Lacan**
- **Perspectivas do Seminário 23 de Lacan**
- **Perspectivas dos Escritos e Outros escritos de Lacan**

Jacques-Alain Miller

- **A inibição intelectual na psicanálise**

Ana Lydia Santiago

- **Freud e a perversão**

Patrick Valas